学びや困難さ　合理的配慮　に対応した

GIGA端末・ICT活用のアイデア

監修・編著／新谷 洋介

本書について

　GIGA スクール構想の実現に向けて学校に ICT 環境整備がされている一方、整備端末が、Chromebook、iPad、Windows 端末と様々なものが導入され、どの環境でも動作するコンテンツの必要性が着目されてきています。また、端末やアプリが異なっても、目的を達成できる類似のものがあります。

　そこで、このような状況に対応するために、端末、アプリに特定されない、どの端末でもアプリでも参考になるような構成で書かれた事例集を企画しました。

　活用のアイデアは、学びや困難さ・合理的配慮に対応したもの、インターネットをうまく活用した、「分担・共同作業」、「支援・添削」、「どこでも・家庭学習」、「自動化」の特徴があるものとしました。

　第1章では、本書の特徴である、困難さに対応した支援について解説しています。

　第2章では、埼玉県における GIGA 端末・ICT 機器の導入事例を教育委員会と特別支援学校それぞれの立場で報告いただきました。

　第3章では、教員を対象とした ICT 研修の流れを講師の立場から報告いただきました。自身が研修担当になった際に参考にしていただきたいと思います。

　第4章では、「特別支援教育に関する研究会等における実践情報を対象とした支援機器データベースの構築（金沢星稜大学個人研究（新谷洋介））」の情報をベースに、実践者に20件の実践事例について、詳細を報告いただきました。

　第5章では、第4章で使用されているオフィス系アプリを中心に、OS、機能・用途別にまとめていただきました。

　内容は、特定の ICT 機器やアプリに限定せず、困難さを解決するための ICT 活用のアイデアとして、また、小学校、中学校、高等学校においても活用していただければ幸いです。

　本書の出版にあたりまして、教育委員会や学校、研修事例等の事例提供をいただいた先生方をはじめ、企画をお引き受けいただきました株式会社ジアース教育新社の方々等、たくさんの方々にご協力をいただきました。この場を借りて心からお礼申し上げます。

2023（令和5）年9月

新谷 洋介

目　次

本書について

※本書で紹介しているアプリ等の商品情報は、執筆時のものとなります。掲載終了、URL の変更、仕様の変更の可能性がございます。

第 1 章

困難さに
対応した支援

困難さに対応した ICT・AT を活用した支援の考え方

金沢星稜大学人間科学部　教授　新谷 洋介

1 障害から困難さに対する支援の考えへ

　「○○障害に対する（ICT・AT を活用した）支援を教えて？」といった質問をいただくことがよくある。肢体不自由を例にすると、動きに困難があるといっても、上肢の動き、下肢の動きであったり、さらに、起因する病気から考えられる、見えにくさといった困難もあったりするなど、様々な困難さがある。そのため、○○障害といった障害名に対する支援といっても、困難さが特定できず、無数に考えられる。

　「使えるアプリを教えて？」の質問も同様である。この質問のみであれば、回答は、「すべてのアプリが使えます」となるであろう。

　これまでは、学習指導要領の記述において、小学校学習指導要領解説総則編（平成 20 年 6 月）では、「（略）例えば，弱視の児童についての体育科におけるボール運動の指導や理科等における観察・実験の指導，難聴や言語障害の児童についての国語科における音読の指導や音楽科における歌唱の指導，肢体不自由の児童についての体育科における実技の指導や家庭科における実習の指導など，それぞれに個別的に特別な配慮が必要である（略）。（第 3 章第 5 節 7 障害のある児童の指導）」と、弱視の児童や難聴や言語障害の児童、肢体不自由の児童といったように、○○障害の児童に対する配慮とする記述になっている。

　しかし、現行の学習指導要領である小学校学習指導要領解説総則編（平成 29 年 7 月）では、「一方，障害の種類や程度によって一律に指導内容や指導方法が決まるわけではない。特別支援教育において大切な視点は，児童一人一人の障害の状態等により，学習上又は生活上の困難が異なることに十分留意し，個々の児童の障害の状態等に応じた指導内容や指導方法の工夫を検討し，適切な指導を行うことであると言える。（第 3 章第 4 節 2 (1) 障害のある児童などへの指導）」といった、障害の状態等による困難さに対する支援が必要であるという文言が加わった。

6

2 困難さに対する支援の考え方

　学習指導要領解説各教科編には、障害のある児童への配慮についての事項等が例示されるようになった。

　例えば、小学校国語科においては、「声を出して発表することに困難がある場合や，人前で話すことへの不安を抱いている場合には，紙やホワイトボードに書いたものを提示したり，ICT・AT 機器を活用して発表したりするなど，多様な表現方法が選択できるように工夫し，自分の考えを表すことに対する自信がもてるような配慮をする。」と例示されている。この書きぶりは、(中央教育審議会 (2016))【困難さの状態】に対する【指導上の工夫の意図】＋【手立て】のような構成で書かれている。したがって、この例では、自分が書いたものを声を出して読むことが難しい【困難さの状態】に対して、児童の表現を支援するために【指導上の工夫の意図】、ICT・AT 機器を活用して発表する【手立て】となっている。発表会において、口頭に加えて、スライドによる写真や文字などを発表の補助手段とすることや、録音した音声を再生することなどが具体例として考えられるであろう。

■ 資質・能力の育成、各教科等の目標の実現を目指し、
　児童生徒が十分な学びが実現できるよう、
　学びの過程で考えられる【困難さの状態】に対する【指導上の工夫の意図】＋【手立て】の例を示す。
　（安易な学習内容の変更や学習活動の代替にならないよう、教員が配慮の意図をもつ必要）

【困難さの状態や指導上の工夫の意図、手立ての例の示し方】
　※なお、以下の例については、各教科等で示されている例を参考としている。

（国語科の例）
● 　文章を目で追いながら音読することが難しい場合には、自分がどこを読むのかが分かるよう、教科書の文を指等で押さえながら読むよう促したり、教科書の必要な箇所を拡大コピーして行間を空けたり、語のまとまりや区切りが分かるように分かち書きをしたり、読む部分だけが見える自助具（スリット等）を活用したりするなどの配慮をする。

● 　自分の考えをまとめたり、文章の内容と自分の経験とを結び付けたりすることが難しい場合には、児童がどのように考えればよいのか分かるように、考える項目や手順を示した学習計画表やプリントを準備したり、一度音声で表現し、実際にその場面を演じる活動を行った上で書かせたりするなどの配慮をする。

● 　自分の立場以外の視点で考えたり他者の感情を理解したりするのが難しい場合には、児童が身近に考えられる教材（例えば、同年代の主人公の物語など）を活用し、文章に表れている気持ちやその変化等が分かるよう、行動の描写や会話文に含まれている気持ちがよく伝わってくる語句等に気付かせたり、気持ちの移り変わりが分かる文章のキーワードを示したり、気持ちの変化を図や矢印などで視覚的に分かるように示してから言葉で表現させたりするなどの配慮をする。

● 　自分が書いたものを声に出して読むことが難しい場合には、紙やホワイトボードに書いたものを提示したりICT機器を活用したりして発表するなど、児童の表現を支援するための多様な手立てを工夫し、自分の考えをもつことや表すことに対する自信をもつことができるような配慮をする。

図　中央教育審議会 (2016)「幼稚園、小学校、中学校、高等学校及び特別支援学校の学習指導要領等の改善及び必要な方策等について（答申）　別紙」

ICT・AT機器やアプリなどを用いた支援では、実践報告として、ICT・AT機器やアプリが先立ち、アプリの機能で、子どもに効果があったと表現されることが少なくない。子どもの様子が詳しく伝えられていたとしても、この内容に実態が加わる程度である。まだまだ意図を明確に伝えられている実践例は多くないと感じている。

そこで本書第4章の実践事例では、実践の「意図」が明確に伝わるように、実践のアイデアの記述を、「子どもの困難さの具体」、「指導上の工夫の意図」、「手立て」の項目別に執筆いただいた。本書のもとになる事例を収集する際のフォーマット（支援機器、教材ナビ P.54参照）においても、これらの項目別に記述していただくようにしている。

3 「意図」が先？「手立て」が先？

「実態把握」を行い、「意図」を明確にし、それに対する「手立て」を行うのが、理想だと考える。しかし、よく考えてみると、「手立て」の知識・候補があった上で、「意図」を考えることができるのではないだろうか。

黒板を例とすると、表示するための黒板、書くためのチョーク、消すための黒板消しと、黒板が使われ始めた頃と基本的に変わるものがない。その中で、構図や、細い線や太い線、点線書きといったチョークの扱い等が工夫されてきた。つまり、ものは変わらず、使い方が進化してきたと言えるだろう。

しかし、ICT・AT機器は、技術の進歩により、新しい機能や機器が次々と生み出され、できることが増えたり、機能や機器が変化したり、無くなったりする特徴がある。

実態を正しく把握することはもちろんのこととして、ICT・AT機器を活用する場合は、まず、どのような「手立て」があるのか、つまりICT・AT機器の情報の引き出しを広げ、同時に「意図」を考える方法もあるのではないだろうか。

そして、ICT・AT機器は、その場で様々な機能を選択して使用することができる。様々な機能を試して評価することで、子どもの得意なことを知る等の実態把握のきっかけや、その効果から適切な支援方法を得ることができるのではないだろうか。このことは、ICT・AT機器の活用問わず、他の場面においての支援方法にもつながることが期待できると考える。

第 2 章

GIGA 端末・ICT 機器の導入における教育委員会・学校の取組

GIGA 端末・ICT 機器の導入における教育委員会の取組
埼玉県教育委員会の事例

県東部地域特別支援学校（仮称）開設準備室開設準備副室長（執筆時）
（現・埼玉県立岩槻はるかぜ特別支援学校　教頭）　佐藤　幸博

埼玉県教育委員会では、国から GIGA スクール構想が打ち出される前から障害の特性に応じた ICT 活用の実践研究を始め、その成果をもって特別支援学校の ICT 環境整備を進めてきた。GIGA スクール構想によって学校の ICT 環境が大きく変化した後も、ICT 機器活用の普及推進に取り組み続けている。ここでは、これまでの埼玉県の取組について、経過を追って紹介させていただきたい。

特別支援学校のICT環境整備の経緯

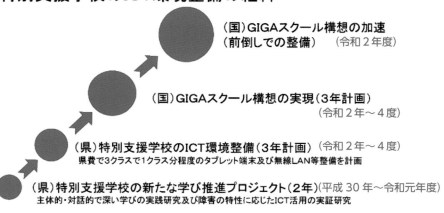

（国）GIGAスクール構想の加速
（前倒しでの整備）　（令和2年度）

（国）GIGAスクール構想の実現（3年計画）
（令和2年〜4度）

（県）特別支援学校のICT環境整備（3年計画）（令和2年〜4度）
県費で3クラスで1クラス分程度のタブレット端末及び無線LAN等整備を計画

（県）特別支援学校の新たな学び推進プロジェクト（2年）（平成30年〜令和元年度）
主体的・対話的で深い学びの実践研究及び障害の特性に応じたICT活用の実証研究

図1　特別支援学校の ICT 環境整備の経緯

1 特別支援学校の新たな学び推進プロジェクト

これからの社会は、人工知能やビッグデータ、IoT、ロボティクス等の先端技術が高度化し、社会の在り方が非連続的かつ劇的に変わる超スマート社会の到来が予想されている。次から次へと目まぐるしく変化する社会においては、子どもたちが変化を前向きに受け止め、予測不可能な社会で自立的に生き、社会の形成に参画するための資質・能力を確実に育成することが求められている。また、学校教育もそうした社会の変化に対応できるよう変化していかなければならないと言える。

このような状況を踏まえ、平成29年には特別支援学校幼稚部教育要領・小中学部学習指導要領、平成31年には高等部学習指導要領が告示された。

新しい学習指導要領においては、社会に開かれた教育課程の実現、育成を目指す

資質・能力、主体的・対話的で深い学びの視点を踏まえた授業改善、各学校におけるカリキュラム・マネジメントの確立、障害の重度・重複化、多様化への対応と卒業後の自立と社会参加に向けたキャリア教育などを主な改訂のキーワードとして挙げ、より一層の教育活動を充実させていくことが重要であるとしている。

　埼玉県教育委員会では、この新しい学習指導要領の趣旨を踏まえ、平成30年度から令和元年度の2年間に渡り、「特別支援学校の新たな学び推進プロジェクト」(以下、プロジェクト)に取り組んだ。

　本プロジェクトは、主体的・対話的で深い学びの実践や障害特性に応じたICT機器等の活用により、児童生徒一人一人の可能性を高め、自立と社会参加に向けた新たな学びの実践研究とその推進を目的としている。指導助言者に独立行政法人国立特別支援教育総合研究所　主任研究員　新谷洋介氏(当時)、研究員　神山努氏(当時)をお招きして、県立特別支援学校10校の研究指定校が様々な学び合いをテーマに、主体的・対話的で深い学びの実践研究を行った。

　また、実践研究と合わせて障害の特性に応じたICT機器等の活用についても有効性の検証に取り組んだ。検証に当たっては、企業や大学からも多大なる連携・協力をいただき、様々なICT機器をお借りするなどして、実践に取り組むことができた。

　本研究をとおして、ICTの活用が児童生徒の興味関心を高め、視覚、聴覚、記憶、コミュニケーション、思考の整理等、様々な力を補い、拡張する効果があることや児童生徒の主体的で対話的な活動を促すとともに、「わかること・できること」を増やし、これからの時代に求められる資質・能力を育むことに有効であることが分かった。

(1) 主体的・対話的で深い学びの実践研究

　本プロジェクトでは、新谷氏、神山氏からの協力を得ながら、9組10校の研究指定校が主体的・対話的で深い学びの実践に取り組んだ。実践研究では、主体的・対話的で深い学びを踏まえた授業改善の過程や研究授業のポイント、今後の課題が明確になるよう、すべての研究指定校が共通の指導略案様式を活用して研究を年度ごとに実践報告集にまとめ県立特別支援学校に配布した。

(2) 特別支援学校における障害の特性に応じたICT活用の検証

　本プロジェクトでは、主体的・対話的で深い学びの実践研究と合わせて、障害の特性に応じたICT活用についても様々な検証を行った。また、検証に際しては、国立特別支援教育総合研究所の研究成果から示された特別支援教育におけるICT

活用の観点（表1）を参考に取り組んだ。今回は各校で検証した一部の実践について紹介する。

表1　特別支援教育における ICT 活用の観点

観点	A コミュニケーション		B 活動支援			C 学習支援			D 実態把握支援
項目	A1 意思伝達支援	A2 遠隔コミュニケーション支援	B1 情報入手支援	B2 機器操作支援	B3 時間支援	C1 教科学習支援	C2 認知発達支援	C3 社会生活支援	D1 実態把握支援
事例	タブレットPC の文字入力機能を使った実践	テレビ会議システムを利用する取り組み	教科書を読む際に、読み上げ音声で内容を理解	タブレットPCで写真を撮る	授業の流れを理解する	タブレットPCとアプリを利用した漢字学習支援	タブレットPCなどを使いながら個々の学習課題を支援した事例	自分の姿を振り返るモニタリング事例	子どもの意思表出を記録して観察する

地域実践研究「教材教具の活用と評価に関する研究～タブレット端末を活用した実践事例の収集と地域支援のためのガイドの作成～」
（国立特別支援教育総合研究所、2018）

意思伝達支援

　知的障害特別支援学校である本庄特別支援学校では、発話のない児童への意思伝達支援として、iPad と「PECS Ⅳ＋」というアプリを日常的に活用させ、ICT が言語による会話の代替ツールとして効果があるかどうかを検証した。PECS Ⅳ＋に収容されている様々な種類のイラストやシンボル、写真を児童自身が取捨選択して並べ、iPad が読み上げてくれることによって簡単に意思を相手に伝えることができる。そのため、児童も徐々に使い慣れ、自分の意志が伝わる楽しさを感じられるようになると、自ら進んでコミュニケーションを取ろうとする姿が多くみられるようになった。この実践から発話のない児童であっても意思の伝達手段として ICT が活用できることがわかり、ICT 機器の操作の様子から児童が伝えたいことを順序立てて並べられるということもわかった。以上のことから意思伝達支援や児童の実態把握支援として ICT の活用の有効性が示された。

気持ちを安定させる活動支援

　特別支援学校では、一日の活動の見通しが持てずに気持ちが不安定になってし

まう児童生徒が少なくない。前述の本庄特別支援学校では、頻繁に予定を確認しないと気持ちが不安定になってしまう児童に対してスケジュールアプリを活用して気持ちの安定を図る実践を行った。多くの特別支援学校では、朝の会で一日の予定を写真やイラスト、文字で黒板やホワイトボードに提示し、児童生徒が予定を見通せるよう指導している。しかし、

教室を移動して行う授業や活動の場合、予定を確認することができなくなってしまう。そのため児童が普段自宅で使用している所有端末を学校に持ち込み、首から吊り下げて、常に自分で予定を確認したり、変更したりできるアプリを活用した実践に取り組んだ。一日の大まかな予定は「DropTalk」、もっと詳細な予定は「たすくスケジュール」というアプリをそれぞれ使用し、児童が使い分けられるようにした。これまでは、教員に何度も聞いて予定を確認していた児童が、アプリを活用することで、教員に聞くことなく自分で予定を確認できるようになった。また、アプリで簡単に予定を変更したり、追加したりすることができる。自分の手元で即時予定を確認できるようになると、気持ちが安定し、参加できる活動が大幅に増えた。この実践結果からICTの活用が活動支援での有効性が示された。

視線検出式入力支援装置

　肢体不自由特別支援学校である蓮田特別支援学校では、筋ジストロフィーやALSなどの病状により身体の動きが極端に制限されてしまい意思表示をすることが難しい児童生徒もいる。こうした肢体不自由の子供たちの表現の幅を広げるためのツールとして、視線検出式入力支援装置が有効であるか検証した。

　訪問教育を受けている児童には、身体を使って意思を表出することが難しい実態がある。これまでも児童の表現方法について様々なスイッチ教材を使って探ってきたが、なかなか有効な機器を見つけられなかった。視線検出式入力支援装置は、センサーが児童の視線をキャッチし、児童の視点がPCの画面上にカーソルとして表示されるため、視線でPCを操作できる。また、児童が画面のどこを見てい

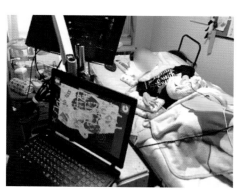

るのかがその場でわかり、カーソルの動きを分析することで児童の認知を探るツールにもなる。目への負担から５分程度の使用となるが、この実践では、視線で絵を描いてみる活動に挑戦した。児童は、目を動かして線を描き、線が画面上に描き出される様子をよく見ながら活動していた。この視線検出式入力支援装置が児童の表現の幅を広げ、意思の表出が難しい児童生徒の認知を把握するためのツールとしてその可能性を見出す検証となった。

移動型テレプレゼンスロボット

けやき特別支援学校は、埼玉県立小児医療センターに併設されており、センターに入院している児童生徒が通ってくる病弱特別支援学校である。文部科学省から３年間の研究委託を受けて、デジタル教科書や双方向通信による学習、VR（Virtual Reality）を活用した擬似体験学習などに取り組んだ。特に企業と共同で開発に取り組んだ移動型テレプレゼンスロボット「PADBOT」は、病室から出られない児童生徒が、手元のタブレット端末でロボットを自由に遠隔操作し、ロボットの首に取り付けられたタブレット端末を通して教室や校外にいる仲間たちと会話したりすることもできた。これまで病室で一人で学習していた児童生徒も PADBOT を活用すれば、クラスの仲間たちとその場にいるかのように遠隔で対話をしながら主体的に学習することができる。病室から出られず直接対面で会えなくても、双方向通信の活用により、仲間と一緒に学習することができ、仲間とのつながりが孤独感や疎外感を軽減することで、治療をポジティブに受け入れたり、復学をスムーズにする効果も実証できたりと実りの多い実践研究となった。

遠隔オンラインミーティング

３校合同で実践研究に取り組んだ入間わかくさ高等特別支援学校、さいたま桜高等学園、羽生ふじ高等学園は、いずれも職業学科がある高等部だけの知的障害特別支援学校である。職業学科がある学校同士の交流の機会として、毎年「３校

育指導課に移った。入出力支援装置については、ICT環境整備事業で計画していた機器に加え、点字ディスプレイや点字プリンタなども整備することになった。こうしてICT環境整備事業は、GIGAスクール構想によって大きく姿を変えることになったのである。

（3）GIGAスクール構想の加速

　GIGAスクール構想が打ち出され、ICT環境整備事業を大幅に変更している最中、2020年、日本国内では新型コロナウイルス感染症が拡大し、年度末から次年度当初にかけて緊急事態宣言が出され、多くの自治体で学校の臨時休業を余儀なくされた。この緊急事態を受けて、子どもたちの学びの補償として、オンラインの活用に一気に注目が集まり、4年間で実現する計画だったGIGAスクール構想は、令和2年度6月の補正予算をもって令和2年度にすべての整備を行うことになった。

　本県では既にICT環境整備事業を進めていたため、GIGAスクール構想にも即座に対応することができた。

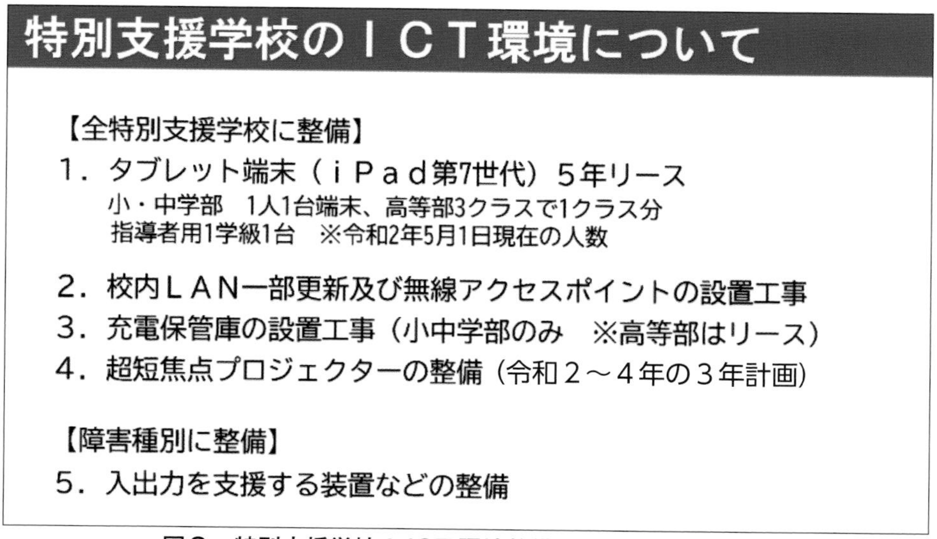

特別支援学校のＩＣＴ環境について

【全特別支援学校に整備】
1. タブレット端末（ｉＰａｄ第7世代）5年リース
　　小・中学部　1人1台端末、高等部3クラスで1クラス分
　　指導者用1学級1台　※令和2年5月1日現在の人数
2. 校内ＬＡＮ一部更新及び無線アクセスポイントの設置工事
3. 充電保管庫の設置工事（小中学部のみ　※高等部はリース）
4. 超短焦点プロジェクターの整備（令和2～4年の3年計画）

【障害種別に整備】
5. 入出力を支援する装置などの整備

図2　特別支援学校のICT環境整備の主な内容について

タブレット端末

　県立特別支援学校では、県のICT環境整備事業から小学部及び中学部の児童生徒は令和2年度5月1日現在の人数で一人一台端末を整備した。この他に、高等部の生徒用端末を3クラスで1クラス分、指導者用端末を1学級につき1台分と予備機分が整備された。高等部の生徒のタブレット端末については、県立高等学校と足並みを揃えて個人所有の持ち込み端末（BYOD）による一人一台端末環境を目指すことにした。

整備するタブレット端末については、OS を iPadOS に指定した。iPad は、障害がある子どもたちに有効なアクセシビリティ機能やアプリ数が多く、障害者向けの周辺機器との親和性が高い、またインターフェイスがシンプルであまり変わらず、子どもたちが比較的長い期間継続して活用できるメリットがある。

　タブレット端末は賃貸借契約とし、紛失や破損などに無償対応できる動産保険を付けた。また、モバイルデバイスマネージャー（以下、MDM）システムによってすべての端末を県教育委員会で一括管理できるようにした。各学校にも部分的に管理権限を付与し、アプリケーションの購入などは各学校からもできるようになっている。

　前述のプロジェクトの成果から、全ての端末にコミュニケーション支援アプリ（「DropTalk」）をプリインストールし、視覚障害特別支援学校の端末にはデイジー教材を読み上げてくれるアプリ（「いーリーダー」）をプリインストールして整備している。また、聴覚障害特別支援学校である大宮ろう学園と坂戸ろう学園には、有償版の音声テキスト変換アプリ（「UD トーク」）を導入している。

充電保管庫

　国から示された要件に沿って、充電保管庫は各教室に固着で設置することになった。特別支援学校では、児童生徒の増加に伴う教室不足が課題となっており、充電保管庫の設置場所の調整が難航した学校もあった。

校内 LAN 環境の強化と無線 LAN

　GIGA スクール構想では、校内 LAN 環境の強化と合わせて無線 LAN 環境の構築が要件に含まれた。これまで県立高等学校では、無線 LAN 環境の整備が進められていたが、特別支援学校は整備されていなかった。そのため ICT 環境整備事業では、無線 LAN 環境の構築を最優先に計画し進めてきたが、GIGA スクール構想の要件により授業で活用する教室と限定された。しかし、職員室については、教員が教材作りでネットワークを使用する必要があるため、県独自で全県立学校にアクセスポイントを設置している。また、校内 LAN 環境については、これまで100Mbps の通信速度で整備・運用されていたが、一人一台端末環境に備えて、新たに 1Gbps の通信速度に対応した BYOD 専用回線を敷設した。従来の校内 LAN は、センター集約型のネットワークであったが、新設された回線は各学校から直接インターネットに接続するローカルブレイクアウトを採用し、アクセス集中によるボトルネックを避ける設計にした。

障害の特性に応じた機器

　ICT 環境整備事業では、障害の特性に応じた機器の整備を計画し、重度障害者用意思伝達装置や視線検出式入力支援装置（肢体不自由）、移動型テレプレゼンスロボット（病弱）、モバイル Wi-Fi ルーター（肢体不自由・病弱）などを予算に計上していた。GIGA スクール構想によってさらに入出力支援装置の予算が交付されたため、点字ディスプレイや点字プリンタ、各種アシスティブマウスなどの装置を追加で整備した。

表2　障害種ごとに整備した機器

障害種	整備した機器
視覚障害	点字ディスプレイ、点字プリンタ、デイジー教材読上げアプリ（いーリーダー）
聴覚障害	有償版音声テキスト変換アプリ（UD トーク）
病弱	移動型テレプレゼンスロボット、モバイル Wi-Fi ルーター
肢体不自由	重度障害者用意思伝達装置（TC スキャン）、視線検出式入力支援装置（PCEyeMini）、トビーコミュニケーター5、トラックボール型アシスティブマウス、ジョイスティック型アシスティブマウス、iPad 用アシスティブマウスアダプター（AMAneoBTi）、装着型ワイヤレスジャイロマウス（Zono）、圧電素子センサ及び空気圧センサスイッチ（ピエゾニューマティックセンサ）、吸吹式ジョイスティック型デバイス（ジョーズ＋）、モバイル Wi-Fi ルーター
知的障害	有償版コミュニケーション支援アプリ（DropTalk）

点字ディスプレイ

清華ミニはメモ帳をはじめとした 強力なツールを備えた 16 セルの携帯型点字ディスプレイです。清華ミニは携帯電話やPC、アップル製品とともに使用される主要なスクリーン・リーダーと互換性があり、ブルートゥースやUSBで接続して使用することができます。清華ミニには、メモ帳、ファイル管理、read、時計及び計算機アプリケーションが含まれています。

点字プリンタ

●音の静かな高速プリンター
日本テレソフト独自の偏心圧力方式によるライン印字のため、印字音が極めて静かです。点字プリンター特有の騒音が軽減され、ご家庭はもとより、オフィス・教室などでも安心してご使用いただけます。

●墨字の倍角印字が可能
墨字が、4 倍角でも印字でき、弱視や高齢の方にも読みやすくなっています。印字位置は、点字の上下どちらでも設定可能で、Windows のフォントをすべて利用できます。特殊記号などの墨字のグラフィック印刷は強化しました。印刷濃度調整も可能。

●点字・点図機能の充実
点字のみの印刷はもちろん、8 点点字のほか、代表的な点図ソフト「エーデル」を使用して点図作成ができます。行間調節もでき、用途に合わせて幅広く使えます。

●USB 接続・ネットワーク(LAN) 接続
USB／LAN（ネットワーク）からの出力も可能（複数の PC からの印刷指示可能、従来の RS−232C、セントロニクスも可）。

●音声ガイドで簡単操作
誤操作を防ぎ、初めての方にも操作が簡単にできます。複雑なスイッチ操作がなく、用紙をセットするだけで自動的に点字・墨字を印刷できます。

出典：株式会社日本テレソフト

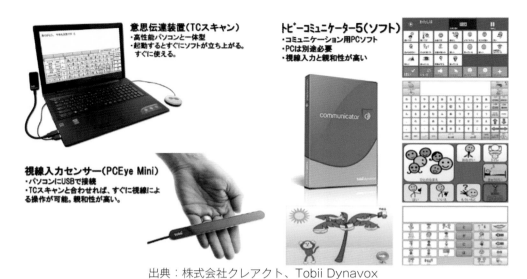

出典：株式会社クレアクト、Tobii Dynavox

※現在「PCEye Mini」は製造販売終了しており、現行品は「PCEye5」になります。動作については、後継機種なのでマウス操作の全てを視線の動きで行うことができます。

出典：テクノツール株式会社、パシフィックサプライ株式会社

大型提示装置

　ICT環境整備事業では、県費で各県立特別支援学校に６クラスに１台の大型提示装置（超短焦点プロジェクター）を令和２年度から３か年の計画で整備することになった。特別支援学校は教室だけでなく、様々に場所を変えて教育活動をするため、固着式ではなく、可動式の超短焦点プロジェクターとした。また、複数台のプロジェクターから壁やホワイトボードに連結した映像を投影できる機能や電子黒板の機能を有する仕様にしている。

（3）特別支援学校の ICT 活用推進プロジェクトチーム

　県立特別支援学校では令和２年度からの GIGA スクール構想を含む大規模な ICT 環境整備に向けて、県内から先生方を募り、整備される ICT 機器の今後の活用について協議したり、学校間の協力連携体制を検討したりするプロジェクトチームを立ち上げた。年間２回の全体オンラインミーティングや説明会の他、障害種別や地域別に学校間で情報交換や情報共有に随時取り組んでもらい、次年度へ続く取組の基盤づくりをすることができた。

3 ICT 教育推進課の発足

　GIGA スクール構想と新型コロナウイルス感染症の拡大により、特別支援学校に限らず、県内のすべての学校で ICT を活用せざるを得ない状況となった。とはいえ、市町村や学校によって ICT 環境も様々に異なり、どのように活用したらよいかわからず困っている学校も少なくなかった。こうした状況を受け、県では、全県の ICT 活用を普及推進するための新たな組織として、令和３年度から ICT 教育推進課を設立した。

（1）目的と役割

　ICT 教育推進課は、全県の ICT 活用を普及推進するために、総合教育センターなど関係各組織と連携を図りながら、校種を超えて市町村教育委員会や県立学校へ様々な ICT の活用に係る支援を行う組織である。

（2）埼玉県の課題と具体的方策

　令和３年度は、ICT に係る県内状況の把握から始め、課題を見出し、その課題の解決のための具体的方策を打ち出した。

埼玉県の課題

　学校現場や関係者からの聞き取り調査等によって、やはり学校間や教員間で ICT 活用に係る様々な違いがあることがわかり、それらを是正することが大きな課題となった。

　原因としては、ICT 活用を推進できる教員の不足や実践的な ICT 活用事例の不足が考えられ、興味関心がある教員に対し、情報の発信や共有をする場の提供などが必要であると考えた。

表3　課題と考えらえる取組

課　題	考えられる取組
ICT活用に係る学校間、教員間の格差是正	・プロジェクトチームによるICT活用に係る情報共有ネットワークの構築 ・学校間の協力・連携体制の構築 ・管理職への情報提供や研修の充実 ・教員のICT活用スキルを向上させる研修の充実
ICT活用を推進できる教員の不足	・ICTを活用推進できるリーダー人材の育成 ・情報提供やカンファレンスによる支援
実践的なICTの活用事例の不足	・教科や教育活動に係るICT活用実践事例の収集と共有
個別最適化されたICT活用の普及推進	・障害の特性や児童生徒の個々の実態に応じたICT活用実践事例の収集と共有 ・ワークショップや研修会の実施

具体的方策

埼玉県 ICT 教育推進プロジェクト（全校種）

　ICT 教育推進課では、ICT 教育を推進す
る人材を育成しながら、教員の ICT に係
るスキルや指導力の向上を図り、研修や実
践事例の共有などの取組をとおして、全県
の市町村県立学校における ICT 教育を推進
するために、全校種で「ICT 教育推進プロ
ジェクト」を立ち上げた。特別支援学校で
は、特別支援学校 ICT 活用推進プロジェク
トチームを編成し、そのメンバーが中心と
なって協力や連携をしながら特別支援学校
における ICT 活用を広く推進し、障害の特
性に応じて個別最適化された学びの実現を
目指すことを目的に活動を開始した。また、
指導助言者に金沢星稜大学准教授　新谷洋
介氏（当時）と国立特別支援教育総合研究
所研究員　青木高光氏（当時）をお招きし、
プロジェクトを支えていただいた。プロ
ジェクトチームは、全校（43 校、分校を
含む）から 1 名ずつ選任してもらい、連絡
協議会を年 3 回実施した。

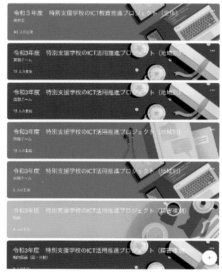

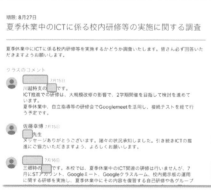

プロジェクトでの Google Classroom
を使ったやりとりの様子

　また、チームを各障害種及び東西南北の
4 地域に分割し、各グループは、Google
Classroom を活用して、それぞれの地域でメンバー同士が相談や情報発信、ICT
活用研修、実践事例の共有等を行った。Classroom には、県教育委員会の担当指
導主事や指導助言者も参加していたため、必要に応じて県に直接相談ができ、また、

24

連絡協議会などの機会だけに限定されず、随時やり取りができるため、課題や問題の解決につながる情報交換が活発に行われた。

Web 相談窓口の開設

　一人一台端末の活用推進に向けて、県立学校及び市町村教委員会を対象とした Web 相談窓口を設置し、① ICT 運用、②オンライン学習、③研修、④動画作成、⑤その他と大きく 5 つの項目でメールによる相談に応じる体制を整えた。年度途中からは、GIGA スクールサポーターも活用し、メール相談の回答について技術的な支援をいただきながら対応した。開始から 2 か月程度で 90 件弱の相談が寄せられるなど、現在も多くの学校から活用いただいている。

要請研修の実施

　ICT に係る様々な研修については、総合教育センターが企画・実施しているが、総合教育センターと連携し、センターでは実施していないような各学校から寄せられる細かな要望に応じてカスタマイズする要請研修を行った。

　また、Web 相談窓口などに寄せられた各校からの質問などを基に研修を企画し発信も行った。コロナ禍ということもあり、オンラインでの実施がほとんどであったが、内容を厳選して時間を短めに設定したため、学校からは放課後などに気軽に利用いただいた。

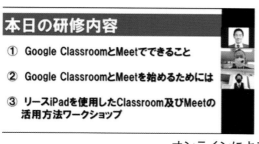

オンラインによる研修の様子

ICT 活用支援カンファレンスの実施

　ICT 教育推進課では、Web 相談窓口に寄せられた相談の内容に応じて、先進的に取り組んでいる学校や知見や技術を有する教員などで構成し、相談者のニーズにピンポイントで応えられるようにしている。

　また、オンライン開催のため、日程の調整がしやすく、児童生徒の下校後や職員会議、校務分掌等のない日時に設定し、時間もニーズに応じて 30 ～ 60 分と短めに設定することで、教員の負担を軽減するよう工夫して行った。

学校への技術支援訪問

　Web 相談窓口に寄せられた相談によっては、実際に学校に赴いて技術支援を行っている。

ICT 教育推進課ポータルサイトの設置（県立学校）

　教員が校務用 PC から県立学校間ネットワーク内だけで閲覧できる ICT 教育推進課ポータルサイトを設置し、Web 相談窓口を通して寄せられた質問や ICT に関する情報、ICT の活用実践事例などを発信している。

ICT 教育推進課ポータルサイトのページ

　特に ICT 活用事例や実践事例は、比較的簡単にまとめられる所定の様式をポータルサイト上に置き、各学校に周知や事例の提供を定期的に依頼しながら、随時収集・蓄積をし、ポータルサイトで共有している。県立学校以外からはこちらのポータルサイトを閲覧することはできないが、総合教育センターと連携して、一般公開できる実践事例については、センターのホームページから発信している。また、市町村小中学校の先生方向けのポータルサイトもセンターのホームページ上に構築し、同様に実践事例を共有するなど、活用できるようにしている。（https://sites.

google.com/center.spec.
ed.jp/www/ict 活用ガイド)

　しかし、このようなポータルサイトを設置しても、先生方に活用してもらえなければ、意味がなく、活用が習慣化し多くの先生方に浸透していくよう、今後も引き続き周知や活用の促進を様々な機会を通じて行っていく必要がある。

　以上が ICT 活用に係る埼玉県の取組の経緯である。GIGA スクール構想や新型コロナウイルス感染症の拡大などにより、計

(様式1)

ICT活用にかかわる「校内推進委員会」の設置

校種・学年	全校的な活用場面		活用場面	導入	展開	まとめ
活用するICT機器	Chromebook		活用するアプリ	Google Classroom, Meet 等		

ICTを活用する思い・動機
多様な授業形態を確保する目的でオンライン授業を行っていくために、ICT活用にかかわる委員会（ICT活用推進委員会）を学校として組織した。
学校として「習うより慣れ」が一番であると考え、日常的に必ず使わなければならない業務等をICT化することで教員に対して機器やアプリに対するハードルを低くしたいと考えた。

授業実践
●ICT活用推進委員会を立ち上げた。
※ 各教科、各学年から 1 名（兼務可）を委員にした。
・（主な業務）
　・ICT活用方針・運用にあたっての意思決定機関
　・ICT機器の利用が苦手な教員のサポート
　・ICT活用の実践例の集積
　・校外のICT関連研修の内容の共有
●校内で利用するアプリケーションを統一した（Google 系）。
●職員会議のペーパーレス化を行った。（10月〜）
●緊急事態宣言中、分散登校で全教員がオンライン授業を行った。

成果・課題・留意点
【成果】
・　委員が学年・教科に少なくとも1人はいるため、スキル等の周知徹底の際に、様々な機会を利用して伝達や操作演習等が行えた。
・　今回、活用の目的が分散登校下における「オンライン学習」であり、活用するアプリケーションを Meet に絞ることができたことから、校内研修や連絡が行いやすかった。
【課題】
・　ICTの利用に関するスキルの差が大きいため、学校全体の研修を行いたいが、各教員のICTに対するつまずきの箇所の差が大きく、焦点化がしづらいこと。
・　既存のアプリケーション（Windows Office 等）で作成した授業資料を Google Apps（スライド等）へ移行するのが手間であること。
・　学校間ネットワークのサーバに保存していた授業資料を、生徒用アカウントのドライブへデータを移行するのに手間が掛かった。

事例の様式（一部抜粋）

画や整備にも大きな影響を受けたものの、これまで実証研究から ICT 環境整備、整備後の活用推進に至るまで、特別支援学校における ICT 活用については、少しずつステップアップしながら広がりをみせてきている。それでもまだまだ取組も半ばではあり、学習指導要領にも示されているとおり、児童生徒の情報活用能力の向上や主体的・対話的で深い学び、個別最適化された学びの実現に向けて、ICT がツールとして当たり前に活用できる環境を目指し、引き続き様々な取組を継続していく予定である。

GIGA 端末・ICT 機器の導入における特別支援学校の取組
埼玉県立宮代特別支援学校の事例

埼玉県立宮代特別支援学校　教諭（執筆時）

（現・埼玉県立岩槻はるかぜ特別支援学校　教諭）　吉本 幸司

　本校は、埼玉県東部に位置し、主に肢体に不自由のある児童生徒が通う特別支援学校である。令和２年度末、GIGA スクール構想として、タブレット端末（iPad）や高速大容量の通信ネットワーク、大型提示装置（短焦点プロジェクター及び専用のホワイトボード）、入出力支援装置等が整備された。本校では、それまで 10 台程の iPad しか所有しておらず、劇的に変化した ICT 環境の中で、児童生徒のより良い教育のために整備された ICT 機器を積極的に活用していくこととなった。そこで、学校の最優先課題として ICT 活用の推進を掲げ、学校評価にも明記公表し、担任外として情報専任[1]を配置して、令和３年度をスタートした。

　本稿では、GIGA スクール構想の下に、埼玉県教育委員会から整備された ICT 機器を有効に活用するために、本校が令和３年度に取り組んだ実践について紹介する。

1 教員研修

　「GIGA スクール元年」である令和３年度、本校では、一人一台端末環境における教員の ICT 活用指導力の向上に向けて、教員研修の機会と内容の充実を図った。全体研修は、年度当初の４月、夏季休業日の７月、年度末の３月と計３回の計画をした。年度当初の研修では、整備された ICT 機器の本格的な活用に向けて、管理や利用の方法について確認することを主な内容とした。夏季休業日には、他校の教員を講師として招き、教員が一人一台のタブレット端末を実際に操作しながら、アプリケーションソフト（以下、アプリと略す）「Finger Board Pro」について演習形式の研修を実施した。年度末の研修では、ICT 活用についての実践発表や、後述する日本工業大学とのアプリ共同開発の成果報告を行い、年次を総括する内容で実施をした。

1　整備された ICT を児童生徒の教育に生かすため、ICT の活用支援や環境整備を役割とする埼玉県独自の制度。

また、全体研修以外にも、タブレット端末の活用に対する教員の積極的な姿勢を支援するため、希望制で iPad の基本操作やアプリの研修を年６回実施した。研修では、他の特別支援学校からも参加者を募り、オンライン（Zoom Meetings）を通して共同で学べるようにした。同じ障害種の教育を担当する教員同士がリアルタイムで一緒に学べたことで一体感が生まれ、タブレット端末の活用に向けて士気を高めることができた。

2 情報専任による ICT 企画相談

本校に在籍する児童生徒は、肢体不自由と知的発達の状態等が相互に関係し、実態がとても多様である。そのため、ICT に対するニーズも個々に様々であり、全校を対象とするような一斉研修では網羅することが難しい。そこで、小・中・高等部の各学習グループ（全 22 グループ）に対して、年２回の ICT 企画相談を実施した。ICT 企画相談では、事前にアンケートを配布し、ICT を活用してやってみたいことや困ったこと等の意見を出してもらい、それを実現・解決できるように支援した（図1）。 一例として、小学部１年生の学習グループからは「コロナ禍ということもあり、

第１回　ICT 企画相談　小学部４Ｇ

令和３年７月７日(水)１６：４５～

１．はじめに
○参考資料
・ICT 活用の視点
・ICT 活用レシピ特別支援学校版
○「できる、を増やす」ICT の活用　※6/18(金)国総研の先生の講演より
○アプリの申請・削除について
○ホーム画面のショートカット作成の禁止について
○写真の拡張子について（HEIC→JPG）

２．ICT を活用して有効であったことや成功したことの確認
○【iPad and AppleTV】「音楽」での動画活用はどうでしたか？

３．ICT を活用してやってみたいことや困ったことなどの方策案
○触れると音や振動で反応するようなもの（視覚的な困難のある児童に対して）。
⇒触れると音の出る教材は、ビッグマック等の VOCA(音声出力装置)や iPad「DropTalk」等の VOCA アプリをスイッチ教材と組み合わせることで実現できると思います。触れると振動で反応を返してくれるスイッチもありますので希望があればお貸しします。

○iPad を活用し、真っ暗な部屋で花火の授業がしたい。
⇒音楽室を暗室にし、iPad の花火アプリを短焦点型のプロジェクターで天井に映すのはどうでしょうか。準備は手伝いますので、ぜひ一緒に試してみましょう。

○iPad の操作について、手での操作は難しいが、足で操作ができそうな児童がいる。
⇒今日の授業を見せていただき、確かに現時点では、足で直接操作した方が iPad を操作しやすい様子がありました。また、トラックボール型のマウスを利用する等、入力機器の活用を工夫することで、間接的に iPad を操作することも可能です。机上に iPad を置いて学習することを目指したい場合には、そのやり方を試してみるのも良いと思います。もし、自立活動の時間に見させていただくことが可能なら、今の所水曜日 10:00 からでしたら時間を設けることができます。

その他
○ポルトガル語の翻訳アプリをお母さんに試してもらいましたが、精度が今一で実用的ではありませんでした。別の方法を一緒に考えましょう。

図１ ICT 企画相談で使用したレジュメ

図２ iPad アプリによる花火の打ち上げ

図３ アプリの花火を暗室の天井に投影

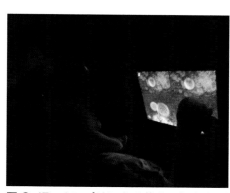

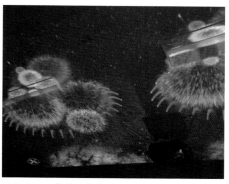

児童が体験することが難しくなってしまった花火をICTを通して仮想的に体験させることで、夏の雰囲気を味わったり、生活経験を広げたりできるのではないか」というアイデアが出された。そこで、iPadアプリ「Working Fire」の画面を短焦点プロジェクターで天井に投影して、児童がタップをすることで花火を打ち上げられるようにした（図2）。暗幕を使って室内に光が入り込まないようにしたことで、プロジェクターの映像が鮮明に映り、実際の花火大会のような臨場感と花火の軌跡を味わうことができた（図3）。また、花火が打ち上がるときの音をBluetoothスピーカーで大きくしたことで、視覚的な困難さを有する児童にも音声による迫力が伝わり、花火の雰囲気を感じることができた。

3 タブレット端末の活用

（1）充電保管庫

　本校では、小・中学部用と高等部用とで仕様の異なる2種類の充電保管庫が整備された。小・中学部に整備されたのは、タブレット端末を12台収納できるものであったが、教室の壁に固定して使用するものであったため、学部ごとに設置場所を検討した。その結果、小学部では、タブレット端末の活用が進むことを想定して、すぐに取り出しができるように各学習グループの教室内に設置をした（図4）。中学部では、本校の生徒の多くが車いすを利用していることから、教室をより広く利用できるように中学部教材室の一箇所にまとめて設置をした。高等部に整備されたのは、キャスター付きの60台を収納できるもので、初めから学部全体で使用することを想定して整備されたため、高等部教材室で管理をすることとした。また、整備されたタブレット端末には、保護キーボードケースが全台に付いていたため、充電保管庫に収納すると誰のものであるのかが分からなくなるという課題が生じた。そのため、本校では、キーボードケースに端末番号と児童生徒名のシールを貼る工夫をした（図5）。シールを貼ったことで、管理がしやすくなっただけでなく、児童生徒もより愛着を持ってタブレット端末を使えるようになった。

図4 小学部の各教室に設置した充電保管庫

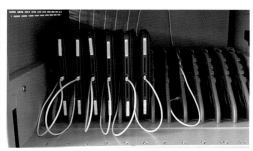

図5 保護キーボードケースにシールを貼付

（2）校務用 web を利用したタブレット端末のアプリ申請システム

　　整備されたタブレット端末は、埼玉県教育委員会が契約しているモバイルデバイスマネージャーシステムで管理しているため、個々の端末からはアプリのインストールや削除等ができないようになっており、各学校の担当者が管理システムを通してアプリを配信する仕様になっている。そのため、タブレット端末の活用を進めるにあたっては、授業者が、配信に必要となるアプリや端末番号等の情報を正確且つ簡単に伝達できることが重要になると考えた。そこで、本校の職員が情報交換のために日常的に利用している校務用 web（SchIT Commons3）の機能を利用し、アプリ配信の申請フォームを作成した（図6）。アプリが効率的にインストールできるようになったことで、授業も円滑に準備できるようになり、タブレット端末の活用を広げていくことができた。

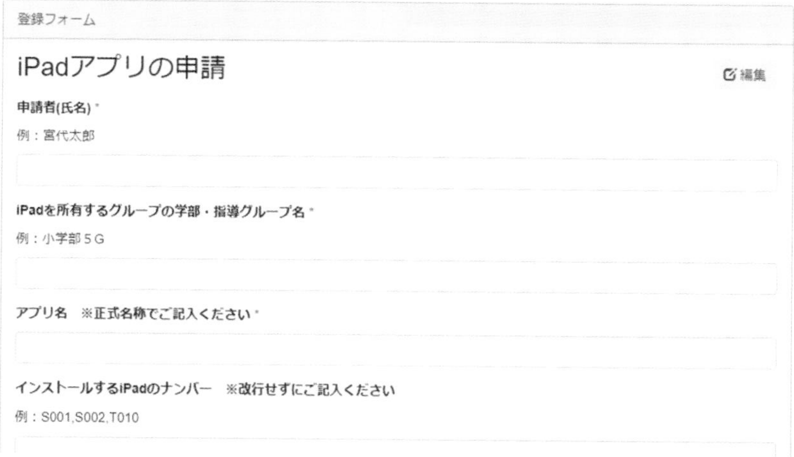

図6 校務用 web にアプリの申請フォームを設置

（3）ネットワーク上の記憶装置（NAS）を利用した教材共有システム

　　タブレット端末の活用が進むにつれ、データ保存の課題が浮上した。整備されたタブレット端末の容量は32GBであり、基本ソフトウェアやシステムデータにも容量が必要となる。アプリはインストールするだけでも容量を使用するため、各端末が実際に利用できる容量は10GB前後であった。そこで、タブレット端末を接続している通信ネットワークにデータを保管できる記憶装置（NAS）を設置し、端末本体の容量を補えるようにした。また、NASを設置したことで、教員個人が作成したデジタル教材等を学校で共有して活用できるようになった。一例として、iPadアプリ「Keynote」で作成した給食献立のスライドを（図7）、NASに設けた教材共有フォルダに保存し（図8）、希望する学習グループが「朝の会」の活動等で自由に利用できるようにした。これにより、教材を自作するのは、時間的制約

や専門性等により難しいというような場合でも、共有して手軽に授業で活用できるようになった。この取組は、働き方改革の一翼を担うことにもなった。また、端末とNAS間でのファイルのやり取りにiPadアプリ「FE File Explorer」を利用したことで、画像ファイルをその都度開かなくてもサムネイル画像で中身を確認できるようになり（図8内右下参照）、ファイルを探す際の利便性が大きく向上した。

図7 Keynote の給食献立図

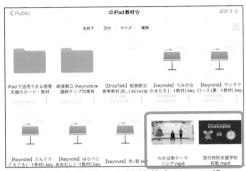

図8 NAS に設置した教材共有フォルダ
（アプリを利用したことで、サムネイル画像
から中身が確認できる）

（4）Google フォームと Classroom を活用したタブレット端末の定期点検

　整備されたタブレット端末を、日々快適に使えるように学習グループ単位で毎月の点検を実施した。「故障」や「シール剥がれ」等を項目とした点検アンケートを「Google フォーム」で作成し、「Google Classroom」に掲載した（図9）。これにより、点検をする教員が、点検した結果をすぐにその場で提出できるようになった。「Google フォーム」を活用したことで、回答を集約する側にとっても、即時に集計された回答結果が内容に応じて自動でグラフ化されるため、点検の結果を簡単に把握できるようになった（図10）。点検をする側にとっても、回答を集約する側にとっても、毎月の点検を無理なく確実に実施できるようになり、授業中の突然の故障のリスクを未然に防ぐことができた。

図9 点検項目を Google Classroom に設置

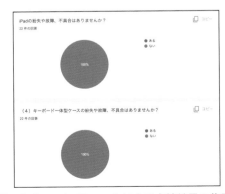

図10 Google フォームによる点検結果の集計

（5）地域の大学とのアプリ共同開発事業

　本校では、近隣にあり、アプリ開発の分野で専門性のある日本工業大学と連携を図ることで、児童生徒のニーズに応じたアプリを共同で開発する取組をGIGAスクール構想の前から行ってきた。教育の情報化に伴い、学校現場でも活用可能なアプリは数多くあるが、操作が複雑であったり、利用の難易度が高かったりするため、肢体不自由や知的障害のある本校の児童生徒が有効に活用できるアプリが少なかったことが理由である。例年は、日本工業大学先進工学部の学生が本校の学習グループに入り、実際に児童生徒と触れ合う中でアプリの開発をしてきたが、新型コロナウイルスの流行により、その取組が難しくなってしまった。そこで、令和3年度は、タブレット端末の有効活用に向けて、全台にインストールされている有償アプリ「DropTalk」の調査をしてもらった。内容は、「DropTalk」の活用方法や他のアプリとの比較、他校の実践例、アップデートに伴う変更点等である。調査の報告を、年度末だけでなく、中間にもしていただけたことで、調査結果を児童生徒の活用に即座に生かすことができた。特に、アップデートについては、システムの大きな変更を伴うものが年度の半ばに公開されたため、調査の内容が児童生徒の学習に直接結び付き、大変有意義な調査をしていただくことができた。

4 障害の特性に応じた機器（入出力支援装置）の活用

　肢体不自由の特別支援学校では、操作性や可動域等の困難から、タブレット端末を手で直に操作することが難しい児童生徒が少なくない。そのため、児童生徒が自分自身で操作するためには、障害の状態に応じた個別性の高い特別な入出力支援装置が必要な場合がある。本校では、ICT環境の整備の際に前記（P21）の肢体不自由の障害種に応じた機器が整備された。入出力支援装置は高価なものが多く、学校では簡単に購入することはできないため、多くの入手力支援装置が整備されたことは大変ありがたいことであった。

　本校の小学部には、話すことや書くことに困難さはあるが、視線でPCを操作できる児童がいる。そこで、整備された意思伝達装置用ソフト「TobiiCommunicator5」で教材を作成し、視線検出式入力支援装置「PCEye Mini」を取り付けたノートパソコンで活用した（図11）。例えば、算数の授業では、解答となるイラストや文字を視線で選択できる教材を作成し、個数を数える学習に使用した（図12）。表出の手段が限られてしまう児童に視線入力装置を活用したことで、アイコンタクトによるYesとNoの問答を軸とする授業ではなく、児童が問題を見て、自分で判断して答えていくような主体的な学習が可能となった。教員側にとっ

ても、児童の視線が印としてPCの画面上に表示されるため、視線の軌跡を追うことで、問題のどの部分で迷っているのかが明確になり、適切な言葉がけができるようになった。また、中学部では、呼吸機能障害のため、気管カニューレの装着により音声の代替えとなる表出方法が今後必要となる可能性があり、コミュニケーション手段の一つとして視線入力による学習を始めた生徒がいる。視線入力では、視線のみでパソコンを操作する必要があるため、コンピュータ画面に表示されたものの注視や選択ができることが大切となってくる。そこで、「Tobii Communicator5」で作成した教材や視線入力訓練アプリ「EyeMoT」を活用し、画面に表示された教材を見て視線を留めたり、教材を見比べて選択したりする学習を計画した（図13）。初めは視線での操作に慣れない様子もあったが、定期的に学習する中でコツを掴むことができ、視線での操作が上達した。

　高等部では、整備されたトラックボールマウス「Optima Trackball」をタブレット端末に接続して授業で活用した。絵画の活動で、プログラミングロボット「Sphero SPRK＋」に絵の具を付けて、「Optima Trackball」を接続したタブレット端末で操作した（図14）。これにより、身体的な困難から、筆を持つことやタブレット端末の操作が難しい生徒が、トラックボールの上に手を乗せて軽いタッチで操作することが可能となり、生徒が自分で描くことや表現することの楽しさを感じられるような授業をすることができた。

図11 視線入力装置を教科学習に活用

図12 算数で使用した教材「どっちが多い？」

図13 視線入力装置を活用したコミュニケーションに向けての学習

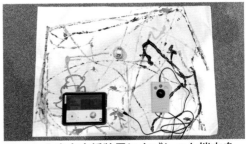

図14 入出力支援装置にタブレット端末を接続し、プログラミングロボットで絵画

5 まとめ

　以上が埼玉県教育委員会から整備されたICT 機器を有効に活用するために、本校が令和3年度に取り組んだ実践である。GIGAスクール構想により、新しい学習環境が整備され、本校ではICTをどう活用していくかをテーマにして取り組んできた。令和4年度は、児童生徒一人一人のICTの活用に焦点をあてて取り組んでいる。コロナ禍の影響もあり、社会はSociety 5.0の実現に向けて急速に変化しており、生活の中でもあらゆる場所でICTを活用することが日常的なのものとなってきている。新学習指導要領でも、情報活用能力を言語能力と同様に「学習の基盤となる資質・能力」と位置付けており、これからの時代を生きていく子供たちにとってICTは欠かせないものである。一方で、私たち教員はその使い方には十分配慮する必要がある。肢体不自由や知的発達に課題のある本校の児童生徒にとっては、ICTを用いることがかえって、学習の難易度を高めてしまったり、手順を複雑にしてしまったりすることが懸念される。今、私たち教員には、これまでの実践とICTの最適な組み合わせを図ることが求められている。埼玉県教育委員会や他校とも協力し合いながらICTの効果的な活用について研究し、ICTが子供たちの明るい未来を導く道具として活用できるように努めていきたい。

第 3 章

研修事例 「GIGA スクール構想で整備された端末を使ってみよう」

GIGA スクール構想で整備された端末を使ってみよう研修事例

Link Aid 合同会社　代表社員　伊藤 文子

　Link Aid 合同会社は ICT 教育の現場の支援と教材開発を行っており、自治体からの依頼を受けて、教員向けの研修やプログラミングなどの出前授業等も行っている。本章では当社が行っている GIGA スクール環境下での教員研修について紹介する。レベルは初心者向けのものとなっており、研修終了時には、各校に整備されたタブレット端末の基礎的な使い方を覚え、生徒に指導ができるようになることを目標としている。

1 研修全体の構成

　研修の全体の構成は、以下の 5 つに分かれる。
　　① GIGA スクール構想の意義を共有する
　　②タブレットを使用してできること
　　③導入されているサービスの全体像を把握する
　　④主要なアプリの使い方
　　⑤カメラアプリの使い方
　研修の時間に余裕があれば、すべてについて話し合いながら研修を行う。時間が短い場合は①②⑤を体験し、最低限カメラアプリと写真を投稿することができるようする。

2 研修の詳細

① GIGA スクール構想の意義を共有する

　「GIGA」には「Global and Innovation Gateway for All（全ての児童・生徒のための世界につながる革新的な扉）」という意味がある（文部科学省、2019）。社会では多くの知識を詰め込むことよりも、クリエイティブに課題解決ができる人材が求められている。そのような中で ICT を使って創造性や思考力を育む教育や、協働的な学びを実現するために一人一台の端末を配布している。

きたい。

⒜　研修の流れ

❶　カメラ機能の起動

❷　機能の紹介

❸　自分の顔を撮影

自分の顔を撮影する。または参加者がお互いの顔を撮影するのもいい。イン・アウトカメラで様々なものを撮影することができることを体験する。

❹　ペン機能で書き込み

研修では「自己紹介」や「学期の抱負」等、テーマを決めて書き込むと書きやすい。

❺　「ストリーム」または「投稿」に投稿することで共有

❻　コメントを入力

⒝　研修時における操作説明手順について（使用端末ごとに）

Chromebook

❶　カメラ機能の起動

シェルフからカメラアプリを起動する。

❷　機能の紹介

静止画・動画の撮影。QR コードの読み取り。タイマー撮影。カメラの切り替え。左右の反転。グリッドの表示。

❸　自分の顔を撮影

撮影した写真は最新のものが右下に丸く表示される。この丸をクリックすると大きく表示して確認することができる。

❹　ペン機能で書き込み

前項の画像を確認する画面で上部の 🖊 （メモを追加）ボタンをクリックするとペンで書き込むことができる。

書き終えたら「完了」ボタンをクリックする。

❺ Classroom のストリームに投稿

ストリームから ⬆ ボタンで画像をアップロードする。

❻コメントを入力

投稿された画像にコメントを入力する。

iPad

❶ カメラ機能の起動

アイコンからカメラを起動する。

❷ 機能の紹介

静止画・動画の撮影。QR コードの読み取り。タイマー撮影。カメラの切り替え。フラッシュ撮影。パノラマ撮影。タイムラプス。スロー撮影。アウトカメラではピンチインでズームすることができる。

❸ 自分の顔を撮影

撮影した写真は最新のものが右下に四角く表示される。この四角をクリックすると大きく表示して確認することができる。書き込むには「編集」ボタンをクリックする。

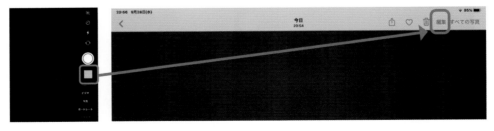

❹　ペン機能で書き込み

右上の「…」をクリックし「マークアップ」を選択する。

iPad ではペンでの自由記述の他にテキスト等を挿入することもできる。

書き終えたら「完了」ボタンをクリックする。

❺　Classroom のストリームに投稿

Chromebook と同様に投稿する。アプリ版の場合は「添付ファイルを追加」からアップロードする。

❻　コメントを入力

Chromebook と同様に投稿された画像にコメントを入力する。

Windows

❶　カメラ機能の起動

タスクバーまたは Windows ボタンからカメラアプリを起動する。

❷　機能の紹介

静止画・動画の撮影。QR コードの読み取り。タイマー撮影。カメラの切り替え。

❸　自分の顔を撮影

撮影した写真は最新のものが右下に四角く表示される。この四角をクリックすると大きく表示して確認することができる。ここでは、削除・回転ができる。ペンで書き込みをするには「すべての写真を見る」をクリックする。

❹ ペン機能で書き込み

「すべての写真を見る」をクリックすると今までに撮影した写真が表示される。書き込みたい写真をクリックして上部に表示される 🖼 （画像の編集）ボタンをクリックする。上部の「 ✐ マークアップ」ボタンをクリックして書き込む。

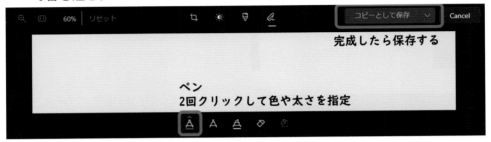

❺ Teams の「投稿」に投稿

講師が「投稿」タブで「新しい投稿」から写真を貼り付ける指示を投稿する。参加者は、講師の投稿の「返信」をクリックして写真をアップロードする。教師からの投稿に返信する形にしておくと、一まとまりになるため後で見返すことが容易になる。相互評価したい場合は生徒に投稿で写真を投稿させ、写真に対してコメントを返信する。

❻ リアクションする

投稿された写真の上にマウスを置くか、写真をタップすると絵文字（顔文字）でリアクションを送ることができる。

低学年でもリアクションだけであれば取り入れやすい。

3 まとめ

　初心者向けの研修では、すぐに使い始めることができそうな活用を紹介するようにしている。研修を受けた後、活用までの時間が長いと研修内容を忘れてしまうからだ。また、研修中に参加者同士で話し合えると理解が進む。例えばカメラアプリについて、Jamboard や Whiteboard 等を使用して、どのような授業案が考えられるのかを付箋に書いていく。自分が授業で使うとしたら、という視点でアイデアを出していく。付箋を共有することで自分とは違う視点を得られる。すぐに活用アイデアが浮かばない教員もヒントを得ることで活用につなげていくことができる。にぎやかで楽しい研修にしたい。

第4章

GIGA 端末・
ICT 活用の
アイデア

GIGA 端末活用の特徴と 支援機器・教材ナビ

金沢星稜大学人間科学部　教授　新谷 洋介

1 GIGA 端末活用の特徴

（1）一人一台端末の環境での合理的配慮

　GIGA スクール構想により、一人一台端末の環境が整うことで、アクセシビリティ機能の設定を、困難さのある児童生徒個々に応じて個別に保存することができ、個々に最適な環境で端末を利用できるようになった。また、例えば、読むことが困難な場合に、ふりがなや、音声読み上げ、行間の調整等、個別に行っていた配慮が、一人一台端末の環境が整うことで、子どもたちが必要に応じて、支援機能を選択し有効にすることができるようになった。このように、一人一台端末の環境が整ったことで、アクセシビリティ機能の設定や、学習上の支援等、子どもが必要に応じて選択・有効にすることができるようになり、合理的配慮に加え、基礎的環境整備の面でも整ってきたといえるだろう。

（2）学習スタイル変化の４つの特徴

　ネットワーク環境も整備され、個々の端末でインターネットを活用した学習活動が可能になった。このことは、学習スタイルの変化にもつながるのではと考える。このことによる学習スタイルの変化の特徴を、①分担・共同作業、②支援・添削、③どこでも・家庭学習、④自動化の４点に分けて説明する。

①　分担・共同作業

　児童生徒同士が学び合える例である。児童生徒がスライド資料をまとめる際に、全てのスライドを作成することが難しくとも、得意な部分の活動を個々ができるようにするために、スライドを共有させることで、複数の児童生徒で分担・共同作業が可能になる。

　また、課題のフォーマットを準備したスライドを、それぞれの児童生徒が埋めることで、他の児童生徒の内容を参考にしながら、自分の考えを広げることにつながる活動になる。

②　支援・添削

　児童生徒と教師の関わりの例である。児童生徒が作文や課題に取り組む等、何を書けばよいのか悩んでいる際に、書く内容に気付かせるきっかけを作るために、同時編集機能を使用し教師がコメントするという支援ができる。

③　どこでも・家庭学習

　学習の場が教室以外に広がる例である。撮影グループ、編集グループに分かれ、教室外で撮影した写真を共有し、編集グループが資料をまとめることができる。

　また、学校のパソコン、家庭のパソコンそれぞれでログインすることにより、どこでも学習中の内容の続きを行える環境になることが期待できる。

④　自動化

　児童生徒に質問した結果の集約を自動化することで素早く集計結果を提示できるようになる例である。質問した内容や回答を忘れないようにするために、フォームを利用し考えを聞くことで、その場で集計結果が表示され確認させることができる。さらに、グラフ作成機能を使用することで、多い少ない等の量を視覚的にわかるようにできる。また、自動的に採点できる機能を使用することで、瞬時に回答の答え合わせが可能となり誤学習を少なくすることや、得点がわかることで、高得点を目指すような学習意欲が高まることが期待できる。

（3）使用したツールと類似のツール

　調査によると iPad の整備が約 9 割と、特別支援学校の多くは GIGA 端末として iPad を採用している状況がある（図 1）。そのため、iPad を使用した実践事例を多く見かけるのではないだろうか。

　iPad を使用した実践事例とは何かを考えてみる。この実践事例は、iPad を利用しているのは事実だが、実際には、iPad に搭載されている機能を利用しているのである。この機能は、iPad 以外の、Chromebook や Windows 端末でも利用できることがある。従って、iPad を利用していることがキーワードではなく、どのような機能を利用しているのかが大切だと考える。

そこで、実践事例を参考にする際には、iPad などの機械や、アプリなどにとらわれずに、どのような機能を利用しているのかに着目して欲しいと思う。つまり、自分の環境と異なる実践は関係ないといった考えから、自分の環境ではどのように実践できるのかのヒントとして欲しい。本書では、機器やアプリにとらわれず掲載事例をヒントとしていただきたいと考え、実践に使用したツールの紹介とあわせて、実践者の視点で類似のツールとその機能の説明を記載している（図２）。

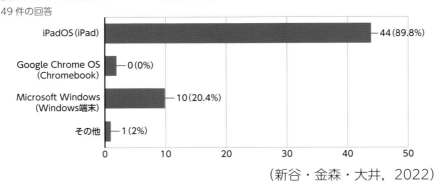

GIGA スクール構想において整備した学習用端末の OS について該当するものを選択してください（複数回答可）。
49 件の回答

iPadOS (iPad)	44 (89.8%)
Google Chrome OS (Chromebook)	0 (0%)
Microsoft Windows (Windows端末)	10 (20.4%)
その他	1 (2%)

（新谷・金森・大井，2022）

図 1　GIGA スクール構想において整備した学習用端末の OS

使用したツール「Jamborad」

　本ツールは、オンライン上で活用するホワイトボードアプリであり、Google Workspace for Education で使用できるソフトウエアである。写真やイラスト、意見など情報を書き込むことで、ポスター発表用の資料として活用できること、会議や討論で出された結果など簡単に情報を伝えることができる。

■ **類似のツール「Microsoft Whiteboard」**
　「Microsoft Whiteboard」は、「Jamborad」と同様に意見を書き込み、まとめたことを表示することができるアプリであり、Microsoft 365 で使用できるソフトウエアである。基本的には「Jamborad」と同様の使い方になるが、テンプレート機能やリアクションアイコンがあるなど、「Microsoft Whiteboard」を使用できる場合は用途に応じた使い分けが必要になる。

図２　使用したツールと類似のツール（抜粋）

　なお、端末へのアプリの追加インストールにおいても、無料アプリは、約９割追加することができるようになっており、また、約３割の地域では、教育委員会への申請を必要とせず学校独自の判断で柔軟にインストールが可能になっている。さらに、MDM の利用環境が整いつつあり、端末の管理や有料アプリの導入も容易になっている。

　これらのことから、実践事例をアイデアとして参考にし、目的とするツールをい

ろいろ試して、最適なものを見つけ実践していくことが大切であると考える。

特別支援学校でアプリの追加をすることができますか。
該当するものを選択してください。

49件の回答

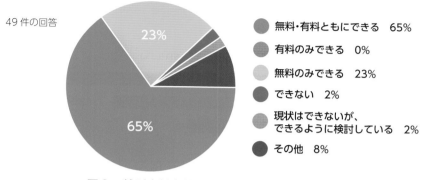

図3　特別支援学校でアプリの追加ができるか

（新谷・金森・大井, 2022）

特別支援学校でアプリの追加をする場合の申請について、
該当するものを選択してください。（複数回答可）。

49件の回答

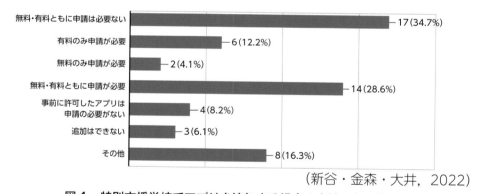

（新谷・金森・大井, 2022）

図4　特別支援学校でアプリを追加する場合の申請の必要性

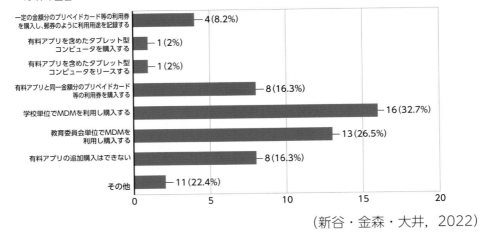

有料アプリの購入方法について、
該当するものを選択してください。（複数回答可）。

49 件の回答

項目	値
一定の金額分のプリペイドカード等の利用券を購入し、郵券のように利用用途を記録する	4 (8.2%)
有料アプリを含めたタブレット型コンピュータを購入する	1 (2%)
有料アプリを含めたタブレット型コンピュータをリースする	1 (2%)
有料アプリと同一金額分のプリペイドカード等の利用券を購入する	8 (16.3%)
学校単位でMDMを利用し購入する	16 (32.7%)
教育委員会単位でMDMを利用し購入する	13 (26.5%)
有料アプリの追加購入はできない	8 (16.3%)
その他	11 (22.4%)

（新谷・金森・大井，2022）

図5　有料アプリの購入方法

【参考文献】
新谷・金森・大井（2022），特別支援学校における ICT 環境の整備・運用に関する調査，日本教育情報学会第 38 回年会，年会論文集 38

2　支援機器・教材ナビ

（1）支援機器・教材ナビについて

　「支援機器・教材ナビ」（https://at-navi.tokubetsushien.com/）は、研究協力団体の研修会等において教員等が ICT・AT を活用した実践発表された内容および研究メンバーより推薦された内容を事例登録対象としたものである。実践者が「対象の子どもについて」、「対象の子どもの困難さ」、「子どもの困難さの具体」、「指導上の工夫の意図」、「手立て」、「子どもの変容」などの項目に沿ったフォームに入力していただき、新谷が監修した上で掲載している。

　本章に掲載している実践事例は、「支援機器・教材ナビ」に掲載されている実践事例の一部を、項目に沿って、実践者に詳しく執筆しなおしてただいたものである。

　「支援機器・教材ナビ」は、金沢星稜大学個人研究（2020 年度〜）「特別支援教育に関する研究会等における実践事例を対象とした支援機器データベースの構築」新谷洋介（金沢星稜大学人間科学部）の研究の一部として開発している。

　なお、本書および実践事例データベースの実践事例の分類は、教材・教具の視点から検討されている学びの過程で考える困難さ（教材・教具の視点から）（試案）（新谷・杉浦・坂井（2019））において提案されている、表の内容を使用している。

表　学の過程で考えられる困難さ
（教材・教具の視点から）（試案）

見ること
聞くこと
話すこと
読むこと・読み取ること
書くこと
動くこと
コミュニケーションをすること
気持ちを表現すること
気持ちを理解すること
落ち着くこと・集中すること
概念（時間、大きさ等）を理解すること
学習（計算、推論、学習の補助等）すること
手順・順序を理解すること
その他

（新谷・杉浦・坂井，2019）

（2）実践事例、支援機器・教材等の掲載について

研究協力団体（2022 年 8 月現在）は次の通りである。

北海道特別支援教育 ICT 活用 PJ
https://hokkaido.tokubetsushien.com/

彩特 ICT/AT.labo
https://saitokuictat.wordpress.com/

MELC 特支（北海道・福島・埼玉）
https://hokkaido.tokubetsushien.com/wp/melc/

支援機器・教材ナビ
https://at-navi.tokubetsushien.com/

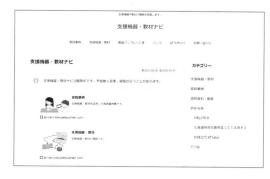

【参考文献】
新谷洋介・杉浦 徹・坂井直樹（2019），困難さに着目した支援機器等教材活用実践事例フォーマットの改訂「表 4 学びの過程で考えられる困難さ（教材・教具の視点から）（試案）」，国立特別支援教育総合研究所，国立特別支援教育総合研究所ジャーナル，第 8 号，17-22

思いを伝えるためにJamboardを使って
職場体験学習で感じたことを発表しよう
iPadを活用したJamboardでのポスター発表

北海道苫小牧支援学校　教諭　根井　亮宗

本実践は、職場体験学習での出来事を関連する写真を基にJamboardの付箋機能を使って入力し、思いを伝えられるようにするという取組である。対象生徒は思いを言葉で伝えることは可能だが、質問に対する回答に自信がもてず、問われた途端に話すことができなくなってしまう。書くことも得意だが、上手に書きたいという思いから、伝えたいことが分からなくなってしまうことがあった。そこで、タブレットを使用することで「正しく書くこと」ではなく「思いを伝えること」を意識付けた。入力設定を「かな入力」に切り替えたり付箋の色を決めたりすることでスムーズに文章を入力することができ、自分の思いや伝えたいことを表現することに自信を持つことができた。

使用するツール	子供の困難さ
「iPadの設定 キーボード かな入力」 「Jamboard」	・書くこと ・気持ちを表現すること

対　象	教　科
特別支援学校・中学生・知的障害	「総合的な学習の時間」

4つの特徴

① 「分担・共同作業」

実践の概要

■どんな困難を抱えている？

　字を読むことはできるがバランスを意識して書くことができず、思いを伝えることに拒否感を感じてしまう生徒。

■指導上の工夫の意図は？

　字の形を意識しなくても相手に思いを伝えることができることで安心して取り組めるようにする。

■どのように？

　誤った文字を入力してもすぐに修正できるようにするために、iPadによる書き込みとし、入力しやすいように、iPadの設定を「かな入力」に切り替え入力させた。

■どう変わった？

　生徒は、スムーズに文章を入力することができ、自分の思いや伝えたいことを表現することに自信を持つことができた。

📶 このように取り組みました！

使用したツール① 「iPad のキーボードの追加」

iPad にはキーボード機能が設定されているが、かな入力については初期で設定されていない。そのため、かな入力でキーボードを活用するためには「設定」→「一般」→「キーボード」→「キーボード」から新しいキーボードを入力し、「日本語‐かな入力」を追加しなければならない。

使用したツール② 「Jamboard」

本ツールは、オンライン上で活用するホワイトボードアプリであり、Google Workspace for Education で使用できるソフトウエアである。意見や情報を書き込むことで、ポスター発表用の資料として活用できること、会議や討論で出された結果など簡単に情報を伝えることができる。

■ 類似のツール 「Microsoft Whiteboard」

「Microsoft Whiteboard」は、「Jamboard」と同様に意見を書き込み、まとめたことを表示することができるアプリであり、Microsoft 365 で使用できるソフトウエアである。基本的には「Jamboard」と同様の使い方になるが、テンプレート機能やリアクションアイコンがあるなど、「Microsoft Whiteboard」を使用できる場合は用途に応じた使い分けが必要になる。

実践の枠組み

この単元では総合的な学習の時間で行われた「職場体験学習」で学んだことや感想など、報告会で使われるポスターを作ることを題材にしている。

●授業の目標

・「小学校学習指導要領　総合的な学習の時間　第1　目標（3）探究的な学習に主体的・協同的に取り組むとともに、互いのよさを生かしながら、積極的に社会に参画しようとする態度を養う。」

・「特別支援学校学習指導要領　小学部　国語　Ａ聞くこと・話すこと　イ　経験したことを思い浮かべ伝えたいことを考えること。」

・「特別支援学校学習指導要領　小学部　生活　キ　手伝い・仕事　（イ）簡単な手伝いや仕事について知ること。」に関わり、「受注作業を通して、社会とのつながりを体験したことを基に、データを活用して経験したことをまとめることができる。」

●**単元計画（計13時間）**

オリエンテーション	1時間
受注作業・納品	9時間
感想文やポスターの作成・報告会準備（本実践）	2時間
報告会	1時間

●**対象の学級：** 中学部2年生の4人学級であり、そのうちこの学習は4名の生徒が行った。

子どもの困難さの具体

この取組にあたって、対象の学級は話すこと、書くことはできるが文字をバランスよく書くことができず、文字を書いても伝わらないことや何度も書き直してしまい書き進めることが難しい実態があった。また、思いを伝えることはできるが、話をしていると話がそれてしまうことが多く、一貫性  がなくなってしまうことがあった。タブレットの活用については4月から取り組み（本事例の実施時期は7月）、検索や写真撮影、文章の打ち込み（かな入力）などができる段階である。

指導上の工夫の意図

対象学級の生徒は話すことが好きで思いを伝えることは可能だが、質問に対しては回答に自信がもてず、問われた途端に話すことができなくなってしまう。書くことも得意ではあるが問題など回答しているうちに、上手に書きたいという思いを優先してしまい、書くことにこだわって伝えたいことが分からなくなってしまうことがあった。  そこで、タブレットを使用することで「正しく書くこと」ではなく「思いを伝えること」を意識付けた。職場体験学習で学んだことや大変だったこと、上手にできたことなど質問や関連する写真を基にJamboardの付箋機能を使って打ち込み、思いを伝えることができるようにした。また、付箋の色を自分だけの色に指定することで、どの意見が自分のものかを視覚的にわかりやすくし、書いたことを見返しながら書き進めることができるようにした。

手立て

　Google アカウントにログインし、Google アプリアイコンから「Jamboard」を選択する。新しい Jamboard を作成するため、十字マークをタップ（またはクリック）する。ファイルの選択をタップし活動の写真などをアップロードし配置する。事前にそれぞれの生徒が使う付箋の色（5色ある）を決めておき、生徒の思いを記入させた。この単元では、職場体験学習で行ったスリッパ拭きを基に「大変だったこと」や「頑張ったこと」を記述させた。記述し保存ボタンをタップすると付箋がフレーム（画面上の台紙）に貼られる。iPad では画面を長押しすると付箋の場所を移動できるため、場所を設定して配置させた。また、左右下の点を押しながら動かすと付箋の大きさを変えることができるため、必要に応じて大きさを変更させた。まとめる内容が複数ある場合は、上部にある「フレームを追加する」ボタンをタップすることで別のフレームを作成することができる。発表の際は TV に接続し拡大させて提示することも可能である。また、「その他の操作ボタン」をタップすると、画面を PDF 形式でダウンロードやフレームを画像として保存することができ、プリンターのポスター印刷の機能を用いて拡大して印刷することでパーテーションなどに大きく貼り付けることもできる。

子どもの変容

　今回の学習では、文字を書くことや自分の文字を見せることに苦手意識があった生徒も、タブレットを活用することで、報告会では堂々と思いを伝えることができた。タブレットを活用する以前の発表場面では、自分で書いた文字を読み返すことも難しく時間がかかる場面があったが、打ち込んだ文章を読むことが容易になったことで「伝えること」に対して安心感を持って取り組むことができたと考える。ポスターを見ながら「私が作りました」と発表すること自体にも自信をもち、積極的に発表することができるようになった。今回の学習では使用していないが、キーボードを活用する方法もある。ただし、生徒によっては「A」と「ち」など同一のキーの中に文字が2つあり、情報量が多くキーを選ぶことに時間がかかる。本取組のようにタブレット上の50音表であると文字をすぐに見つけ出すことができるので、入力をスムーズに行うことができる。また、生徒の実態に応じて音声入力の方法を用いて記述することも可能であるため、「伝えること」を目標とする授業で、キーを打ち込むことが苦手な生徒の場合は活用することを勧める。

それぞれの得意分野を生かして ポスター発表をしよう

iPad を活用したJamboard でのポスター発表

北海道苫小牧支援学校　教諭　根井　亮宗

日常的にタブレットを活用している生徒４人が、Jamboard を使ったポスターを協力して作成した。それぞれ役割（写真を撮る係、写真を Jamboard に取り込む係、文章を入力する係、文章を考える係）を決め、例えば書くことが苦手な生徒には、間違ってもタブレット操作で書き直せることから、安心して思いを書くことができるように指導するなど、特性に合わせて活動を行わせた。

使用するツール	子供の困難さ
「Jamborad」「カメラ」	・落ち着くこと ・集中すること

対　象	教　科
特別支援学校・中学生・知的障害	「総合的な学習の時間」

４つの特徴

① 「分担・共同作業」

実践の概要

■どんな困難を抱えている？

　紙を使ったポスター制作の際に課題に関係ない好きな文字を書いてしまう、枠内に字を書くことが難しい等、様々な実態があり同一活動が難しい集団。

■指導上の工夫の意図は？

　様々な実態がある生徒に対して、

それぞれのできることを選択することや、支援をすることで、同一内容の課題を行えるようにする。

■どのように？

　写真や挿入画像の編集など得意な活動を通じて集団活動に取り組むために、デジタルホワイトボード (Jamboard) の機能ごとに生徒の特性に合わせ、写真を撮る係、文章を打ち込む係、文章を考える係など複数設定した。

■どう変わった？

　タブレットにこだわる生徒も、写真を撮る係など役割を限定することで活動に参加することができた。また、iPad の機能を制限する設定（アクセスガイド）をしたことで活動に集中することができ、まとめたことを打ち込むことができた。

このように取り組みました！

使用したツール「カメラ」

「カメラ」は、対象物に向けてボタンをタップするのみであるため、ほとんどの生徒が活用しやすい。生徒によってはズーム機能を用いることやタップすることによってピントを合わせるなど複雑な操作も可能である。

使用したツール「Jamborad」

「Jamborad」は、オンライン上で活用するホワイトボードアプリであり、Google Workspace for Education で使用できるソフトウエアである。写真やイラスト、意見などの情報を書き込むことで、ポスター発表用の資料として活用できること、会議や討論で出された結果など簡単に情報を伝えることができる。

■ 類似のツール「Microsoft Whiteboard」

「Microsoft Whiteboard」は、「Jamborad」と同様に意見を書き込み、まとめたことを表示することができるアプリであり、Microsoft 365 で使用できるソフトウエアである。基本的には「Jamborad」と同様の使い方になるが、テンプレート機能やリアクションアイコンがあるなど、「Microsoft Whiteboard」を使用できる場合は用途に応じた使い分けが必要になる。

実践の枠組み

この単元では総合的な学習の時間で行われた「校外学習」で学んだことや感想など、発表会で使われるポスターを作ることを題材にしている。

●授業の目標

・「小学校学習指導要領　総合的な学習の時間　第1　目標（2）実社会や実生活の中から問いを見つけ出し、自分で課題を立て、情報を集め、整理・分析して、まとめ・表現することができるようにする。」

・「特別支援学校学習指導要領　小学部　国語　A 聞くこと・話すこと　イ　経験したことを思い浮かべ伝えたいことを考えること。」

・「特別支援学校学習指導要領　小学部　生活　カ　役割　（ア）様々な集団活動に参加し、簡単な役割を果たそうとすること。」に関わり、「見学する場所で経験したことや学級のみんなで協力して調べたことをまとめ、発表することができる。」

●単元計画（計10時間）

オリエンテーション　事前調べ学習	2時間
校外学習　見学・調べ学習・公共施設利用	5時間
事後学習　ポスター作り（本事例）	2時間
発表会	1時間

●対象の学級

中学部1年生の4人学級であり、そのうちこの学習は4名の生徒が行った。

子どもの困難さの具体

対象学級には、こだわりが強く紙を使うと一面に文字を埋め尽くしたり、指定箇所をはみ出して文字を書く特性の生徒、思いを伝えることが得意だが、間違うときれいに消すことができないため書くことが苦手な生徒、難しい工程は理解できないがパターンが分かれば簡単な作業が可能な生徒などがおり、それぞれ4名とも実態差があるため、この取組にあたって同一内容での活動は難しい。タブレットの活用については写真撮影、文章の打ち込み（かな入力）などを学んだ段階である。

指導上の工夫の意図

生徒たちは、家庭でも日常的にタブレットを活用しているため、本事例のまとめ学習ではJamboardを使ったポスターを協力して作成した。4名とも、かな入力での簡単な打ち込みは可能であったが、それぞれの特性があるため役割（写真を撮る係、

写真をJamboardに取り込む係、文章を打ち込む係、文章を考える係）を決め、活動を行わせた。こだわりが強い生徒については、iPadのアクセシビリティ機能からアクセスガイドを使用し、記入箇所を限定することによって（詳細は（5）手立てを参照）自分の思いや考えたこと、友人から伝えられたことを記述させた。書くことが苦手な生徒については、タブレットを操作することによって簡単にやり直しができることから、間違っても安心して思いを書くことができるように指導した。パターンが分かれば簡単な作業が可能な生徒については、「写真を選ぶ」「取り込む」「配置する」ことを指導することでポスター制作の編集作業を行わせた。文章を考える係の生徒については、事前に調べたことや実際に行って感じたこと、当日の写真を基に何を見たかを思い出させ、文章を考えさせた。

手立て

アクセシビリティのアクセスガイドについては、はじめにiPadの設定からコントロールセンターを開き、アクセスガイドを追加する。文字を打ち込む場合は、Jamboardなど文章を打ち込む場面まで起動し、コントロールセンターをスワイプで開く。コントロールセンターからアクセスガイドを選択すると「無効にしたい画面上の領域を円で囲んでください。」と表示されるので指で無効にしたいボタンを囲み、再開を押すとアクセスガイドが開始される。初めて使用する場合は「パスコードを設定してください」と表示が出るため設定する。アクセスガイドのオプション設定にもよるが、ホーム画面に戻ることや電源を切ること、ホームボタンを押すことなど制限ができるため、活動に集中することができる（ただし、画面の向きをロックしておかないと、無効箇所と向きを変えた際のボタン位置が違う場合があり、活動に集中できないことがあった）。本事例では、キーボード以外の項目を無効にし、使用させた。カメラを使用する際は、打ち込む際と同様にカメラを起動し、コントロールセンターからアクセスガイドを起動すればよい。アクセスガイドを終了する場合は、ホームボタンを3度押すことでパスコードを入力し解除される。

子どもの変容

今回の学習では、アクセスガイドの機能と「Jamboard」の共同制作機能を活用することで、実態差のある4人の生徒でも、協力して集団活動を行うことができた。また、それぞれの特性に合わせた役割を分担したこともあり主体的に活動することができた。以前までは、できないことを互いに指摘しあうだけの集団であったが、自分ができないことや苦手としていたことでも協力して活動することで成功できることを知り、出来上がった際に「●●さんすごいね。」と互いの良さを認め合う気持ちや仲間意識を培うこともできた。発表会では、それぞれ担当した箇所を説明し自信をもって発表することができたことから、集団のみならず個人の成功体験にもつながったと考える。さらに、「次も同じようにまとめたい」と、探究的な様子も見られ、実際に次の学習では教師の指示がなくても自分たちで主体的に活動を進めることができた。

Jamboard を活用した絵しりとりによる関係性の構築

Jamboard を使ってクラスで絵しりとりをしよう

北海道手稲養護学校三角山分校　教諭　佐橋 亜起英

タブレットや PC に興味がある生徒に、Jamboard を使ってクラス内で「絵しりとり」に取り組ませました。絵を描くことを通してゲーム感覚で取り組め、言語でのやりとりの活性化をねらえる。しりとりを通して、言葉でのコミュニケーションが必要となることで、学級の中で少しずつ言葉を交わしたり、自分の意見を言う場面が見られるようになった。

使用するツール	子供の困難さ
「Jamboard」	・話すこと ・コミュニケーションをすること

対　象	
特別支援学校・高校生・知的障害・病弱・身体虚弱	

	教　科
	「自立活動（教科を合わせた学習）」

4つの特徴

① 「分担・共同作業」

実践の概要

■どんな困難を抱えている？

表出言語が少なく、コミュニケーションに課題がある生徒に対して、共同作業を行うこと

■指導上の工夫の意図は？

生徒同士の会話の促進のために ICT 端末を使ったやりとりを通して学級での関係性を構築する。

■どのように？

自分で読み取ることや伝えることに課題がある生徒に、イラストを読み取り、絵しりとりで次の絵を加えていくという取組を行った。自分が描きやすくて相手がわかるものを書く。絵を描き終わったら、矢印（→）を書く。何の絵を描いたかわからないとき、「答えを教えるのはダメ！」「ヒントを教えるのはいい！」「相手に伝わるものを書く」といったルールを提示した。

■どう変わった？

ルールを提示することで、自分が描きやすく、相手にもわかるものを描く様子が見られた。はじめはリンゴや、ゴマなど簡単なイラストが出ていたが、慣れてきたときに「誰かが描いている間は何を書いているか予測し、次に描く絵をどうするのか調べる時間」とルールを追加することで、絵に色がついたり店舗の看板など、描く絵の種

類に幅が出てきた。その後、生徒らに、描くことにこだわりを見せる様子があったため、「調べる時間と描く時間合わせて４分」などルールの追加を行うことでルールを守る意識が高まり、時間内に収めることができた。また、ヒントの出し方も「夏に食べる果物」や「ゲームのキャラクター」など抽象的な伝え方から、「夏に食べる種のある中が赤い果物」や「ピンクの丸いゲームのキャラクター」といったルールに沿いながらわかりやすい言い回しへと変化していく様子が見られた。学級としては活動を通して、アイスブレーク効果もみられ、生徒の会話数や相手のことを考えた言動が増える効果があった。

📶 このように取り組みました！

使用したツール「Jamboard」

本ツールは、ホワイトボードアプリであり、Google Workspace for Education で使用できるソフトウエアである。思考を整理する場面で多く使われ、付箋や図形、テキストボックスを挿入したり、スタイラスペンや指を使って、フリーハンドでの記入をすることもできる。また、書き込んだボードはデータとして保存し、共有することができる。

■ 類似のツール「Microsoft Whiteboard」

「Microsoft Whiteboard」は、「Jamboard」と同様のホワイトボードアプリである。違いとしては描画範囲を拡張できること、ボードの追加ができない。という点である「Microsoft Word」や「Microsoft PowerPoint」、PDF データなども挿入することができるため、用途や目的に応じて使い分けが必要になる。

実践の枠組み

この単元ではイラストを描く活動の中で相手に伝えること、相手の描いたイラストを理解し、次につなげるという題材を基に生徒間のやりとりやコミュニケーションの幅を広げることを目的としている。

●授業の目標

・特別支援学校学習指導要領解説　自立活動編「コミュニケーション小学部・中学部学習指導要領第７章の第２の６）（1）　コミュニケーションの基礎的能力に関すること。
・特別支援学校学習指導要領解説　自立活動編「コミュニケーション小学部・中学部学習指導要領第７章の第２の６）（2）　言語の受容と表出に関すること。
・特別支援学校学習指導要領解説　自立活動編「コミュニケーション小学部・中学

部学習指導要領第7章の第2の6）（5）　状況に応じたコミュニケーションに関すること

●**単元計画（計6時間）**

Jamboard の使い方・ルールの確認、スタイラスペンの使い方	1時間
自分も相手もわかる絵しりとり	3時間
調べることを追加した絵しりとり	2時間

●**対象の学級：**高等部重複学級の1年生の3人で行った。

子どもの困難さの具体

　対象の生徒は本分校中学部からの進学生、道内特別支援学校からの進学生、道内特別支援学級からの進学生となっており、コミュニケーションの実態やICT機器の使い方などの実態調査も含めた取組とした。文字入力や写真撮影、アプリを使って絵を描くことはどの生徒もできるが、それを相手に向けて伝えるといった意識が低く、自分の思いを相手に伝えることが難しい。ICT機器の活用については、コミュニケーションのツールとして使うことができるよう意識づけし、積極的に授業で導入している段階である。

指導上の工夫の意図

　対象生徒はタブレットやPCに興味があり、積極的に触ろうとする様子が見られる。どの生徒も絵を描くことに苦手意識はないため、絵を描くことを通してゲーム感覚で取り組みつつ、言語でのやりとりが活性化されることをねらって、「絵しりとりをやってみよう」と提案した。初めJamboardを使って自由に描かせてみると、やはり、たくさんの線やイラストが交わるので見えにくくなったため、3人いるので描く順番を決めること、描き終わったら「→」を記入し、次の人に描いてもらうこと、ヒントについては出しても良いが、答えは教えないこと。といったルールの提示を行った。取り組むにあたって、記入する順番を決めること、ヒントを出すことについては実際に言葉でのコミュニケーションが必要となることも生徒に伝えた。そうすることで、少しずつではあるが学級の中で、言葉を交わしたり、自分の意見を言う場面が増えてきた。

手立て

　はじめにあらかじめJamboardのファイルを授業日（○月○日）として用意しておく、生徒には、今日のJamboardに入ったら、描く順番を決めることと伝えた。順番を決めた以外は「→」を描くこと、ヒントは出しても良いが答えを教えるのは

ダメで、伝え方として「学校にある物」や「黄色いキャラクター」など抽象的に言うように伝えた。

　一巡絵しりとりをすることで、ルールやマナーを確認することができたので、「続けること」を目標に絵しりとりを実施した。

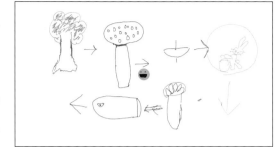

子どもの変容

　今回の学習では実際に絵しりとりに取り組むとはじめは、点を複数描いて「ゴマ」、〇（丸）を描いて「鞠」など容易なものが多く見られた。また、次の人が何を描いたのかわからない様子が見られたときは描いた生徒が「緑と黒の果物だよ」や「ゲームに出てくるキャラクターです」など、ヒントの出し方も抽象的でありながら自分の語彙でしっかりと伝える様子が見られた。また、活動を続けると描く題材が思いつかない様子が見られたため「描く内容に困った際には端末を使って調べて良い」と

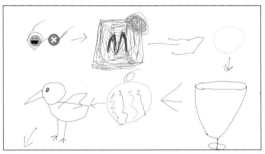

伝えると、イラストの幅が広がった。ただ、調べて描くことにこだわりが見られ活動が思うように進まない場面が見られたため、「調べる時間と描く時間合わせて4分」とルールを追加した。そうすることで時間内に納めるとともに、スマホアプリのアイコンを描いてみたり、お店の看板を描いてみたり、今まで描いたことのないような絵に挑戦する生徒も増えてきた。

　また、この活動を通して「上手」や「わかる」「もう大丈夫」といった相手を褒めたり気づかったり、時には絵を見て笑いが起きたりするなどのアイスブレーク効果も見られ、生徒の言葉数も増えるとともに次に絵を描く人のことを考えて知っている題材にしたり、描くイラストをわかりやすくしてみたり、みんなでヒントを出し合ったりするなど相手のことを考えた言動も増えた。

植物観察日記をきっかけにいろいろな先生と コミュニケーションをとろう

Google スライド共有を活用した『植物観察日記』

埼玉県立蓮田特別支援学校　教諭　苅田 龍之介

意思の表出が難しく、特定の教員とのやりとりが中心となっている児童が、植物の観察日記をつけることにより、植物の成長の過程を詳しく知ることができただけでなく、かな入力の習得、写真の撮影や写真にペンで書き入れ編集するなどの iPad の操作性が向上した。また、観察日記を他の教員と共有し、コメントをもらうことで、共通の話題として対話によるコミュニケーションをとることができるようになった。

使用するツール	子供の困難さ
「Google スライド」 「iPad（Google スライドアプリ）」 「カメラ」	・書くこと ・動くこと ・概念（時間、大きさ等）を理解すること ・学習（計算、推論、学習の補助等）すること

対　象	
特別支援学校・小学部低学年（3年）・知的障害	

	教　科
	「自立活動」「学級活動」「生活の学習」

4つの特徴
①「分担・共同作業」

実践の概要

■どんな困難を抱えている？

　自己表現や意思の表出が難しく特定の教員とのやりとりが中心となっている。また障害により疲れやすいなど、学習に集中して長時間取り組み続けることが難しい。
ICT 活用としては小学部低学年という年齢もあり、家庭でも YouTube を見る程度しか使っておらず、学習には使用してこなかった。

■指導上の工夫の意図は？

　これまで ICT 機器にあまり触れる機会がなかった。そのため iPad の基本機能について身に付け、今後の学習活動への応用を目指していく。またコミュニケーションの課題に対し、「自分から話をすること」や「話題を作る・選ぶこと」にも課題があるため、本実践を通して様々な教員の評価をもとに「会話でのやりとり」のきっかけとなるように設定している。

■どのように？

　児童は、植物の水やりなどの世話をし、温度や湿度の観察記録を行った。iPad からGoogle スライドを開き、写真を撮影したり、温度や湿度、あげた水の量や芽の変化をテキストで入力したりする活動を、毎日積み重ねた。教員はほかの端末からスライドの教員欄に感想や入力についての評価を行った。

Google スライドの「プレースホルダ」機能を使用することで、テキストを入力する場所を分かりやすくしたり、写真を挿入しやすくしたりすることで児童の手間を少なくしている。

日にち	クリックしてテキストを追加	クリックしてテキストを追加	クリックしてテキストを追加
気温	クリックしてテキストを追加	クリックしてテキストを追加	クリックしてテキストを追加
長さ	クリックしてテキストを追加	クリックしてテキストを追加	クリックしてテキストを追加
写真	🖼	🖼	🖼
気付いたこと	クリックしてテキストを追加	クリックしてテキストを追加	クリックしてテキストを追加

■ どう変わった？

観察日記を写真や記録で振り返ることで、植物の成長の過程を詳しく知ることができた。スライドに使わなかった写真を教員に見せてくれるなど、iPad の操作性の向上が感じられるようになり、ICT 機器を学習に取り入れやすくなってきている。コミュニケーションの面では、児童は教員の感想を読んだのち、直接会ったときに話題の一つとすることができるようになった。

📶 このように取り組みました！

使用したツール「Google スライド」

本ツールは、主にプレゼンテーションソフトウェア、アプリとなっており Google Workspace for Education で使用できる。主な機能としてプレゼンテーションが作成、編集できる。データは Google Drive 上にあるため、共有機能を使用することで様々な端末から編集することができる。また他のユーザーと共同で編集が可能である。

■ 類似のツール「Microsoft PowerPoint」

「Microsoft PowerPoint」は、「Google スライド」と同様にプレゼンテーションソフトウェアとなっており、発表する資料の作成や実際のプレゼンテーションに使用される。文字や図形、表、グラフなどを組み合わせて見栄えのするスライドを作成することができる。iPad で編集・保存等を行うには Microsoft アカウントが必要となっている。

実践の枠組み

この活動では、
① 植物の継続的な観察を通して、成長過程や特徴などを見つける力を育てること
② 観察記録を通したテキスト入力、カメラ撮影といった ICT の活用により、今後の学習の補助となれるような活用スキルを身に付けること
をねらいとしている。

●授業の目標

・「特別支援学校学習指導要領　小学部　生活科　知識及び技能　（1）活動や体験の過程において，自分自身，身近な人々，社会及び自然の特徴やよさ，それらの関わり等に気付くとともに，生活に必要な習慣や技能を身に付けるようにする。」

●授業計画

　1時間の授業の主な流れは以下の通りである。活動期間は種植えから収穫までの期間（約5〜6か月間）である。

　　①　掃除・水やり等、植物の世話
　　②　気温や植物の長さなどの確認
　　③　Googleスライドへ入力・写真撮影・感想記入
　　　→これらの取組を受け、放課後等に教員が評価を入力

●対象児童

　本実践の対象は、小学部低学年に在籍し、知的障害を有する児童1名である。

子どもの困難さの具体

　対象児童は、学習の空白があったり、人と1対1で接することに苦手意識があったりすることから、自分からコミュニケーションを図ることが難しい。1対1の授業であれば少しずつ会話を重ねることでやりとりを行うことができるが、対象が複数人になったり、不特定多数になったりすると緘黙になる傾向にある。それに伴い自己表現や意思の表出が難しい。

　また実践当時は8歳と、低学年だったこともありあまり日常生活においてICT機器を使うことはなく、YouTubeを見ることもある程度の活用状況であった。

指導上の工夫の意図

　コミュニケーション課題に関しては、「観察記録」に対する「教員の評価欄」を作成することで、担任外でもコメントを書き入れることができるように、Googleスライドの共有機能を設定した。これらのコメントを受け、書いてくれた教員と話をする際の話題の一つに植物観察の記録について話が広げられるようにするためである。

　だが、相手から振られた会話に対して問答することはできるため、そういったコミュニケーションを積み重ねることで自分から話すことができる機会を増やしていきたい。本実践を通して「かな入力」や「カメラ機能」など基本的な使い方を積み重ねて、他の学習の一助となれるようなスキルを身に付けさせたい。

　またICT機器活用においては、Googleスライドの「プレースホルダ」機能であらかじめ入力欄を作成しておき、生徒がテキストを入力する場所を分かりやすく

表示した。同様に、写真もスライド上から撮影したデータを使用できるように設定している。

手立て

　授業準備として、教員のGoogleアカウントから植物の観察記録の枠組みスライドの作成を行った。前述でも記載した通り、児童が「書きやすい」「見やすい」「使いやすい」を配慮してスライドの作成を行った。

　学級活動や自立活動の授業の中での流れとしては、①掃除・水やり等、植物の世話などを行い、様子などを観察する。②温度計や定規などを使って植物の長さなど、記録するために必要な情報を集める。③Googleスライドへ、「日にち」、「気温」、「長さ」を入力した後、感想を記入する内容を考えてから写真撮影、感想（気付いたこと）を記入して保存という流れで授業を行った。これらの授業後に、複数人の教員にスライドのURLを伝え、放課後等にスライドの教員の評価欄に教員が「分かりやすい写真と解説だね」「1週間前より大きく伸びたことが分かる写真を今度は撮ってみよう」などといった評価を入力してもらった。

日にち	5月23日月曜日
気温	26℃
長さ	7mm
写真	
気付いたこと	きょうと昨日でやっとでました。それはなんと芽でした。出てきて嬉しかったです。

　自立活動の時間など個別の学習時に「新しい写真が撮れたから見せに行こう」など評価をもらった教員とコミュニケーション課題に取り組む時間を設けていた。

子どもの変容

　生活科の目標としては、どのように植物が育っていくか写真や細かな記録を振り返ることができたことで、成長の過程を詳しく知ることができたと感じている。

　評価を書いた教員が自分の写真を入れてくれるなど、児童が見て楽しめるように書いてくれたこともあり、教員からの評価を楽しみにGoogleスライドを読んでいる様子が見られた。また児童から自主的に「写真を見せに行きたい」「植物を見に来てほしいから呼びに行きたい」といった言葉が出てきたことからコミュニケーション面での成長を感じられた。

　ICT活用としては、学習を積み重ねることで、かな入力の習得、誤字脱字などの減少、また撮った写真を見せるだけでなく、ペンで注目してほしい個所を書き入れるなど編集をしたりする様子も見られた。iPadの操作性も向上し、他の学習へICT機器を取り入れる第一歩とすることができた。

「はたらくとは？」を考えよう

気づき、理解を深めるためのロイロノートを使った「ＨＲ」の授業

前・福島県立平支援学校（現・福島県立相馬支援学校）　教諭　稲田 健実

本実践では、対象の生徒らに「はたらくとは？」というテーマで、前提としてある「なぜはたらくのか？」「はたらいたらどうなるのか？」を考えることにより、勤労の意義について理解するとともに，職業生活に必要な能力を高め，実践的な態度を育てる。ロイロノートを使って“はたらく”に対するいろいろな考えを分類しまとめたうえで、ラベルを考えることで、大きく３つの目的（または意味、理由など）に気づくことができた。本取組を通し、“はたらく”ことに対する理解を深めることができた。

使用するツール	子供の困難さ
「ロイロノート」	・学習（計算、推論、学習の補助等）すること ・手順・順序を理解すること ・記憶すること

対　象	
特別支援学校・高等部生・ 準ずる教育課程・肢体不自由	

４つの特徴	教　科
①「分担・共同作業」	「ＨＲ（ガイダンス活動）」

実践の概要

■どんな困難を抱えている？
　記憶をとどめておくこと、考えをまとめる力、中心に置くべく事の見極めが弱い生徒。

■指導上の工夫の意図は？
　生徒自身が気づき理解を深めさせる。

■どのように？
　見て分かり、記録が残り、操作してまとめ

ることが可能なツールである「ロイロノート」を用いた。支援内容として、シンキングツールや色分けなど、構造化して見て分かるようにしたり、カードを自分で操作し、見比べたり、分類したり、まとめたりする機能・ツールを使用したことで、自分自身で気づき、まとめができるようにした。

■どう変わった？
　“はたらく”に対するいろいろな考えを分類しまとめたうえで、ラベルを考えることで、大きく３つの目的（または意味、理由など）に気づくことができた。本取組を通し、“はたらく”ことに対する理解を深めることができた。

このように取り組みました！

使用したツール「ロイロノート」

①　情報や考えをまとめた"カード"を作成し、簡単に発表できる。

　考えをまとめるために、文字だけでなく、動画や写真、インターネット上の情報を記載した"カード"を作成することができる。カードを作ることで短い授業時間内でも直感的な操作で、自分の考えを表現することができる。

②　みんなで"カード"を共有して考えを深めることができる。

　作成したカードは、ロイロノート・スクール内でつながっている端末で共有でき、発表したい順に指でなぞるだけで簡単に視覚的なプレゼンを行うことが可能である。生徒たちが自分の考えを発表したり、クラスメイトのカードを比較したりすることで、対話的な学びが実現できる。

③　「シンキングツール」を使って思考ができる。

　考えを深めたり、整理したりする時には、「シンキングツール」を使用する。「シンキングツール」とは頭の中の考えや思いを視覚的に表し、比べたりまとめたりするための図やグラフのことである。利用できる「シンキングツール」は、ベン図やピラミッドチャート、イメージマップなど全18種類。授業の目的や内容に合わせて使い分けることができる。繰り返し「シンキングツール」を使うことで、想像しながら考えを広げたり、比較しながら考えを深めたりする思考力を養うことができる。

■ 類似のツール「マインドマップ」

　「マインドマップ」は、「ロイロノート」と同様に思考を可視化することができる。思考を線でつなぎ、関係性や順序性を明らかにしたり、カテゴライズ化したりすることができる。

実践の枠組み

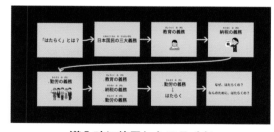

導入時に使用したスライド

　この単元では、「はたらくとは？」というテーマで、はたらくことの前提にある、「なぜはたらくのか？」「はたらいたらどうなるのか？」を考えることにより、勤労の意義について理解するとともに，職業生活に必要な能力を高め，実践的な態度を育てる。

●授業の目標

　高等学校学習指導要領第5章第2の〔ホームルーム活動〕の2「内容」における、(3) 一人一人のキャリア形成と自己実現

ア　学校生活と社会的・職業的自立の意義の理解

　　現在及び将来の生活や学習と自己実現とのつながりを考えたり、社会的・職業的自立の意義を意識したりしながら、学習の見通しを立て、振り返ること。

ウ　社会参画意識の醸成や勤労観・職業観の形成

　　社会の一員としての自覚や責任をもち、社会生活を営む上で必要なマナーやルール、働くことや社会に貢献することについて考えて行動すること。

エ　主体的な進路の選択決定と将来設計

　　適性やキャリア形成などを踏まえた教科・科目を選択することなどについて、目標をもって、在り方生き方や進路に関する適切な情報を収集・整理し、自己の個性や興味・関心と照らして考えること。

をふまえ、目標を以下の「特別支援学校高等部学習指導要領」から考えた。

・特別支援学校高等部学習指導要領　職業　知識及び技能　職業に関する事柄について理解を深めるとともに、将来の職業生活に係る技能を身に付けるようにする。

・特別支援学校高等部学習指導要領　職業　思考力、判断力、表現力等　将来の職業生活を見据え，必要な事柄を見いだして課題を設定し、解決策を考え、実践を評価・改善し、表現する力を養う。

・特別支援学校高等部学習指導要領　職業　学びに向かう力、人間性等　よりよい将来の職業生活の実現や地域社会への貢献に向けて、生活を改善しようとする実践的な態度を養う。

●単元計画（計3時間）

ウェビングでアイデア出し	1時間
アイデアをYチャートなどで比較分類	1時間
まとめの発表	1時間

●**対象の学級：**高等部1年生の2人学級である。

子どもの困難さの具体

　対象の生徒は、書くことを苦手としているが、中学部でPCをよく使っていたこともあり、キーボード入力が得意で、実際に書くよりも使いやすいとのことである。それに対し、記憶をとどめておくこと、考えをまとめる力、中心に置くべくことの見極めが弱いことがある。さらに、友達同士で話し合って合意形成を作るという経験は少ない。

指導上の工夫の意図

　生徒自身が気づき、理解を深めさせるために、「可視化」と「構造化」をキーワードとして考えた。「可視化」においては、「一つの考え方を一枚のカードに記入する

ことで、分かりやすくなること。考えたことを即座に表記できること。すぐに修正できること。それらによって、理解と集中が得られる。「構造化」においては、カードに記入すること。色別にできること。線でつなげられること。カードを動かしながら比較分類できること。それらによって、関係性が明らかになり、理解しやすい。

手立て

「可視化」と「構造化」のキーワードを具現化するツールの一つとして、「ロイロノート」を用いた。

シンキングツールや色分けなど、構造化して見て分かるようにした。またカードを自分で操作し、見比べたり、分類したり、まとめたりして、自分自身で気づき、まとめができるようにした。さらに、下図のように、まずはシンキングツールの「ウェビング」を用い、まずは個人で、"はたらくとは？" というテーマから連想して考えを広げていきカードを記入していく。次に、20枚ほど集まったカードを3つの視点で分ける「Yチャート」を共有ノートで用い、参加者全員が一つのノートに入り、対話しながらカードの場所を動かし、まとめていく。共通点ごとに分類する帰納法的な思考で取り組んで理解を深める。

Fig.1 ノート（ウェビング）　　　　Fig2 共有ノート（Yチャート）

子どもの変容

今回の学習で、生徒はカードを分類しまとめたノートの結果を見ながら、ラベリングすることで、はたらくのは、「自分のため」と「他人のため」。さらに、「社会のため」と自分で「気づく」ことができ、理解を深めることができた。この「自分で気づく」ことはとても重要で、そのプロセスにおいて、このような経験ができたことはとても有意義であったと思う。また、対話しながらまとめることで、自分の考えとは異なる他の意見を採り入れたり、理解を深めたりすることができた。

この取組をきっかけに、より主体的な学びにつなげていきたい。

Google フォームで
楽譜に書かれていることを読み解く
音楽の授業で理解した内容をGoogle フォームで作成した教材で解答させる

埼玉県立蓮田特別支援学校　教諭　苅田 龍之介

　高校音楽で学ぶ楽典（音楽理論・知識）において『楽譜に書かれていることを読み解く』ために切っても切り離せない「五線譜」。本実践では、書くことに苦手意識や困難さがある生徒に対し、五線譜が書けるようになることを目的とせず、内容を理解させたうえで解答は選択式や簡易記述にするなど、Google フォームで作成した教材で内容確認を簡略化できるよう工夫した。また、生徒同士で解き方の情報共有をし、得意な部分を教え合うことで、困難さがある中でもより深い理解を促した。

使用するツール	子供の困難さ
「Google フォーム」、 「iPad （ブラウザアプリ）」	・書くこと；学習（計算、推論、学習の補助等）すること ・概念（時間、大きさ等）を理解すること ・手順・順序を理解すること

対　象	
特別支援学校・高等部１～３年生・肢体不自由障害 及び 病弱障害、知的障害	

４つの特徴	教　科
①「分担・共同作業」	「音楽」

実践の概要

■どんな困難を抱えている？

　障害の程度によって、筋力の低下や緊張が見られる集団。そのため書くこと、見ることに困難さが見られ、課題に取り組む速度も理解度もバラバラになりがちである。

■指導上の工夫の意図は？

　日常的に使用したこともない五線譜に書き込んだり、使ったりすることを目的にするのではなく、使い慣れているツールで問題解決に取り組むことをねらいとしている。

また問題に対して解き方がわからない生徒に対し生徒同士で情報共有し合い、それぞれ得意な部分を教え合うことで、困難さがある中でも生徒のより深い理解を促すための時間としている。

■どのように？

　高校音楽で学ぶ楽典（音楽理論・知識）の中から『楽譜に書かれていることを読み

解く』ために特化して簡略化したもの（音
符・休符・音の長さ・和音の構成・拍子など）を学習している。教員から楽典の解説を
受け、理解した上で、確認問題として選択式や簡易記述式で 5 ～ 10 問程度の Google
フォームを使って振り返りを行っている。生徒達は一人一台 iPad を使用しているため、
AirDrop 機能で URL を転送して Google フォームの問題に取り組んでいる。

■どう変わった？

　触れたこともない五線譜に書き込んだり、問題の難しさを感じることなく、学習を積
み重ねることで自然と楽譜に書かれていることが読み取れる生徒が増えている。また端
末上で問題に取り組んでいるが、教え合いの積み重ねで、Google フォームをスクリー
ンショットし、ペンで書き込んだりして隣の生徒に教える様子など、学習の積み重ねと
端末を使用する回数を増やすことで、生徒自身で新しい使い方を模索している様子も見
られた。

📶 このように取り組みました！

使用したツール「Google フォーム」

　本ツールは、主にアンケートを作成するアプリであり、Google Workspace for
Education で使用できるソフトウエアである。アンケートを集計し、グラフに自動
的に置き換えることができ、簡単に視覚的に情報を伝えることができる。

■ 類似のツール「Microsoft Forms」
　「Microsoft Forms」は、「Google フォーム」と同様にアンケートを作成、集計し、グラフ
表示することができる。また、「Microsoft Excel」でデータの一覧を表示できる特徴がある。
基本的には「Google フォーム」と同様の使い方になる。

実践の枠組み

　この単元では楽典の学習を通して、楽譜を読むための力を養い、歌唱や器楽演奏な
どを行う上での基礎的な力を身に付けることをねらいとしている。

●授業の目標
・「特別支援学校学習指導要領　高等部　音楽　知識及び技能　１段階　ア　曲想
　と音楽の構造などとの関わりについて理解するとともに，創意工夫を生かした音
　楽表現をするために必要な歌唱，器楽，創作，身体表現の技能を身に付けるよう
　にする。」

●授業計画
　高等部音楽の授業は 10:00 ～ 10:50、11:00 ～ 11:50 の２コマ続きの授業と

第1章

第2章

第3章

第4章

第4章❶
分担・共同作業

第4章❷
支援・添削

第4章❸
どこでも・家庭学習

第4章❹
自動化

第4章
その他

第5章

なっており、そのうち本実践の授業は 10:00 ～ 10:50 の１コマ目に実施をしている。また本実践を行った年度に関しては前期（４月～９月）の授業構成となっており、全 17 回の授業を実施している。

●対象生徒

　本実践の対象は、高等部に在籍する生徒９名である。１名は肢体不自由障害のみの障害で教科書を使用した学習を行っている。障害の実態により発語が難しく、教員を通してコミュニケーションを取っている。８名は肢体不自由障害と知的障害を併せ有しており、身体を動かす事だけでなく、書くことや見ること、また視覚や聴覚などの情報処理に困難さがある。

子どもの困難さの具体

　本実践の対象生徒たちは、全員が肢体不自由障害を有しており、筆記具を持って書くことができない生徒もいれば、ノートを取るなど長時間書き続けることは難しい生徒もいる。教員が教材を作る際には、筆記量を考慮してプリント作成を行うなどの工夫が必要である。

　音楽の学習を行う上で『楽譜上に書かれていることを読み取り、演奏に活かして欲しい』という目的のもと、楽典の学習を行っている。だが障害の程度によっては、楽典として理解した内容が楽譜の読解に結びつかない場合も見られるため、より教材や学習の方法で工夫を行い、より深い理解を促し、応用できる力を身に付ける必要がある。

指導上の工夫の意図

　楽典を学習するにあたり、「五線譜」が切っても切り離せない存在である。だが書くことに苦手意識や困難さがある生徒に対し、これまで触れたこともない五線譜を使って学習に取り組むことに疑問があった。対象の生徒たちにとって、楽譜、五線譜を書けるようになることは目的としていないからである。

　今回の実践に当たり、日常的に使用している ICT 機器に併せて Google フォームを使うことで、内容確認を簡略化した。五線譜は理解したうえで、解答は選択式や簡易記述」という形で実施できるように Google フォームでの教材作成を行った。

　今回の実践では Google フォームの「自動採点機能」は設定・使用せず、学習に取り組んだ。その理由としては解答する速さが生徒によって違うため、「誰かが

先に解答を知る」という状況を避けたかったためである。また問題に対して解き方がわからない生徒に対し、生徒同士で「自分はこういう風に考えて解いた」などといった情報共有をし合い、それぞれ得意な部分を教え合うことで、困難さがある中でも生徒のより深い理解を促すことができるのではないかと考えた。

手立て

　はじめに楽典で学習する内容の精査を行った。高校音楽の学習内容として楽典全てを学習する必要はなく、『楽譜に書かれていることを読み解くこと』を目標とし、内容を① 音符② 休符 ③ 音の長さ ④ 強弱 ⑤ 和音の構成 ⑥ 拍子とすることにした。

　解き方の情報共有として、ワークシートやイラスト、資料等を使いながら主題についての解説を行い、その後確認問題として5 ～ 10 問程度の Google フォームに解答する形で振り返りを行っている。フォームの内容としては、ほとんどをラジオボタンでの選択式にしており、問題に応じて記述式などの解答としている。選択式にしているのは、生徒から見て学習した内容を直感的に答えられるようにしているためである。

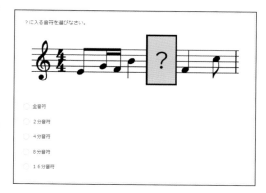

　確認問題を開始する際には、生徒たちは一人一台学習用に iPad を使用している。教員の iPad から AirDrop 機能で URL を転送して Google フォームを開き、解答を進めている。

子どもの変容

　前期の間、学習を積み重ねることで、歌唱や器楽演奏の際に楽譜に書き込まれていることを自然と理解できている生徒が増えてきた。目標としていた「楽譜上に書かれていることを読み取り、演奏に活かす」ことができるようになってきている。

　また本実践を行っていく中で、内容が難しくなってきたり、数学的な内容になった時に苦手意識のある生徒もいたりしたが、教え合いの積み重ねもあり、Google フォームをスクリーンショットしたものに、ペンで書き込んだりして隣の生徒に教える様子があった。

　ICT 機器を日常的に使用する機会も増え、生徒たちがそれぞれ Google フォームを使ってみたり、Airdrop を使ったりするなど進んで利活用している姿が見られた。

好きなものを写真に撮って見せ合おう／家庭でドリル課題に取り組もう

Google Classroom や学習支援アプリ（オクリンク）などを用いた家庭学習

札幌市立大谷地小学校　教諭　大橋 剛

　本稿は、子どもが家庭でも一人一人端末を活用できる技能を身に付けるため、練習になるような家庭学習２つの実践からなる。①対象児童らは、自分の大切な物に対するこだわりが強いが、物に対する愛情や想いなどを具体的な言葉や絵などで伝えることに困難がある。そこで、大切な物を撮影させ写真のデータを Google Classroom を使って提出させた。何度も練習し、撮影する力を身に付けることができた。

　②学習支援アプリ「オクリンク」の「デジタルドリル」は、個人の能力に合わせた個別最適な課題を配付することができる。本実践では、算数の簡単な図形をクイズ形式でタッチパネルで解答する比較的簡単な課題を配付した。タブレット操作に慣れていない児童でも自分の力で行うことができ、学習への自信につながるように配慮した。

使用するツール

① 「Google Classroom」、②ミライシード「オクリンク」（ベネッセ社）

対　象

小学校・小学生・特別支援学級・知的障害・自閉的傾向・情緒障害

４つの特徴

① 「分担・共同作業」
③ 「どこでも・家庭学習」

子供の困難さ

・読むこと、読み取ること
・言語による伝達
・文字による伝達

教　科

「総合的な学習」・「学活」・「数学」

実践の概要

■どんな困難を抱えている？

　実態は多様であり、発語、指の巧緻性、集中力など、困難も様々な集団。

■指導上の工夫の意図は？

　子どもが、家庭でも一人一台端末を活用できる技能を身に付けるため、練習になるような家庭学習にした。以下２つの点を工夫した。

①家庭でしかできない学習課題にする。

②一人一人に適した学習課題にする。

■どのように？

①児童の自宅にある、自分の大切な物の写真を自分で撮影し、Google Classroom の「オ

ンライン授業機能」を用いた課題の配付と回収機能を使うことで、文字で伝えたり、絵で表したりできない児童でも、自宅から、情報を送ることができるようになる。

②オクリンクで、自宅でドリル課題やゲーム的な学習課題を受け取り、課題をクリアして、結果を自動で報告するなど、児童と教員の負担の軽減になる。また、新型コロナウイルスによる学級・学年閉鎖など、非常時のオンライン授業などへの対応の練習にもつながる。

■どう変わった？

　自宅で、自分で撮影する対象を選び、自分で撮影してClassroomに送信する、という行為は、主体的な学びになり、同時に、撮影した画像を共有することにより、お互いをより深く知ることができる。児童は、教師へ、言葉だけでは伝わらない具体的なものなどを写真や動画など送ることが容易になった。

　ドリル課題では、個別最適に課題を配付して、自動採点により即時に結果が見られたり、オンラインで、教師に結果を即時に見てもらうことができたり、自信をもちながら取り組むことができた。

📶 このように取り組みました！

実践の枠組み

　この実践では、オンラインで配付された家庭学習に取り組み、提出するまでの一連の流れを実行できることを目指している。

●実践の目標

・「小学校学習指導要領　総合的な学習　情報 情報化の進展とそれに伴う日常生活や消費行動の変化・多様な情報手段の機能と特徴・情報環境の変化と自分たちの生活とのかかわり・目的に応じた主体的な情報の選択と発信 など。」

・「小学校学習指導要領　算数　資質・能力（「思考力，判断力，表現力等」「学びに向かう力，人間性等」 図形　平面図形の特徴を図形を構成 する要素に着目して捉えたり，身の回りの事象を図形の性質 から考察したりする力。）

・「小学校学習指導要領　　2．内容　学級活動　学級を単位として，信頼し支え合って楽しく豊かな学級や学校の生活をつくるとともに，日常の生活や学習に自

主的に取り組もうとする態度の向上に資する活動を行うこと。」

●**単元計画（計４時間＋自宅学習の時間）**

Google Classroom・オクリンクなどの操作練習	２時間（学校）
自宅でカメラ機能で撮影し、Classroom から送信	自宅
自宅で課題を受け取り、クリアして送り返す	自宅
学校で、クリアした課題の評価	２時間（学校）

●**対象の学級**：小学校４年生の４人学級と小学校５年生の６人学級であり、そのうちこの学習は８名の児童が行った。

子どもの困難さの具体

この取組にあたって、対象の児童らは、自分は教師に言葉で詳しく伝えているつもりでも、教師にとっては具体的に理解することが難しい場合がある。また、言葉でうまく教師に伝わらずに、自信をなくしてしまうことがある児童がいる。また、友達同士でも、気持ちを詳しく相手に伝えることが困難な児童や、苦手意識をもっている児童もいる。

タブレットの活用については2021年2月から取り組み（本事例の実施時期は2021年4月）、写真撮影、お絵かき、簡単なオンラインドリルなどができる段階である。

■使用したツール① 「Google Classroom」

「Google Classroom」は、クラス単位を基本とし、掲示板で情報を交流したり、オンラインで課題を配付したり回収したりすることができる。本実践に取り組む児童のタブレットにインストール済みである。

■ **類似のツール「Microsoft Teams」「ロイロノート・スクール」「スクールタクト」**

「Microsoft Teams」は、「Google Classroom」と同様に、オンラインで課題を配付したり回収したりすることができる。また、両者とも、オンライン・ミーティングができる機能がある。基本的には「Google Classroom」と同様の使い方になるが、「Teams」は、校務分掌や事務作業でも使われることを前提としており、「Microsoft Teams」を使用できる場合は用途に応じた使い分けが必要になる。

「ロイロノート・スクール」「スクールタクト」でも、クラス単位・学年単位を基本として、オンラインで課題の配付・回収ができる他、協働閲覧や協働作業・共同編集などができる。「チャット機能」や「コメント機能」を状況に応じて有効・無効にできる等、児童の発達段階や学びの目的に応じた使い分けができる。

指導上の工夫の意図

　対象児童らは、個人差はあるが、多かれ少なかれ自分の大切な物に対するこだわりが強く、物に対する愛情や想いなどを多くもっている。しかし、それを具体的に言葉や文や絵など伝えることに困難がある。そこで、カメラ機能で大切な物を自分で撮影して、自分で写真のデータを教師に提出することにした。教師は、その児童の好きな物をより知ることができ、共通の話題を増やすことができる。また、カメラ撮影や写真データ提出は、学校で何度も練習し、児童が自分の力でできるようにした。

　本校では、ほぼ全ての家庭にWi-Fi環境があり、また、Wi-Fi環境がない家庭には、モバイルルーターを貸し出すことができ、Wi-Fiの接続への心配はない。特に、特別支援学級においては、接続率は100%であり、毎週末に一人一台端末の貸し出しを行っており、保護者も慣れているため、家庭での端末の活用に大きな不安はない。

手立て

　はじめに、カメラ機能で写真を撮影する。次に、Google Classroomにログインし、「授業」タグを選択し、「課題を表示」を押して教師からの課題

を開く。「あなたの課題」の欄で、「＋追加または作成」を押すと、「ファイル」を選択できるので、ここから写真データを選択し、「提出」を押すと、教師に課題を提出できる。

子どもの変容

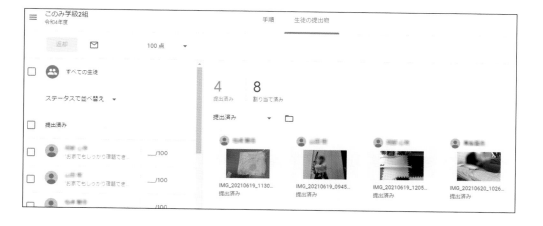

今回の学習では、家庭から課題を受け取り、クリアして提出するという一連の作業ができることにより、家庭での主体的な学びにつながった。

　教師がその子どもの好きな物を見たことで、言葉による伝達が未熟でも、話の内容を理解しやすくなった。そのため、子どもは話すことに自信が付いた。また、お互いの写真を見られたことから、友達のことをこれまで以上に知り、親愛の情が深まった。

　さらに、オンラインで行う家庭学習は、情報を送る時に「個人情報を送らない」などの情報モラルに育成にもなる。そして、ただ単に、家庭で課題をクリアするというルーティンばかりでなく、児童の主体性の育成につながる。また、新型コロナウイルス感染をはじめとする学年閉鎖や学級閉鎖など、非常時での学習に対する安心感にもつながる。教師の働き方改革にもなる。

　即時、評価して、児童にフィードバックすることもでき、教師に対する信頼性にもつながった。

■使用したツール② 「オクリンク」

　「オクリンク」は、掲示板機能や、課題の配付・回収ができる他、予め用意されているオンラインドリル「デジタル教材」を配付することにより、教師に負担をかけることなく学校は勿論、家庭学習でも教材を容易に配付できる学習支援アプリである。本実践に取り組む児童のタブレットにインストール済みである。

指導上の工夫の意図

　オクリンクでは、予め用意されている「デジタルドリル」を用いることで、個人の能力に合わせた個別最適な課題を配付することができる。また、課題に質問がある場合は、掲示板で質問ができる他、文字による質問が困難な児童は、Google

Meet を使用し、オンライン・ミーティングで質問に対する受け答えをすることもできる。

　今回の試みとして、算数の、簡単な図形を選んで当てるクイズ課題を中心に、タッチパネルで解答を選択する比較的簡単な課題を選んで配付した。タブレット操作に対して慣れていない児童でも自分の力で行うことができ、学習への自信につながる

ように配慮した。

手立て

　オクリンクでは、家庭学習を行う日時を開くと、教師から出された課題が表示され、すぐの課題に取り組むことができる。課題をクリアし、「提出」ボタンを押して教師に提出する。教師は、Google Classroom、オクリンクで提出された課題の達成状況をオンラインで確認したり、採点したり、コメントを書き込んだりして、個別に評価することができる。

子どもの変容

　一人一人に適したドリル課題に容易に取り組めることは、特別学級に限らず知識・技能を身に付けるのに有効であると感じていた。今回の実践を通し、待つことにストレスを感じるという理由からも、正誤が瞬時に分かることが、特別支援の児童にとってとても大事なことであることを再確認できた。

Zoom を使用した遠隔授業での計算過程の添削支援

Zoom の画面共有機能を使って九九の学習

埼玉県立越谷西特別支援学校　教諭　佐藤 裕理

　事情により登校できない生徒に対し、紙のプリント配布ではなく、Zoom 上で画面共有したドリルでの九九の学習に取り組んだ。タブレット上であれば衝動的に破くといったこともなく、落ち着いて取り組むことができた。Zoom の画面共有の場合、学習に応じてアプリを切り替える必要がないため、生徒側の操作の負担を軽減できた。解いている途中で教員がヒントを提示することで、対面学習とほぼ同じレスポンスのやり取りが可能となった。本実践では生徒が掛け算の仕組みや、答えにたどり着けるよう、都度ヒントを書き加えたり、九九の一覧表などを共有して活用しながら取り組んだ。

使用するツール	子供の困難さ
「Zoom」	・落ち着くこと・集中すること ・学習（計算、推論、学習の補助等）すること
対象	
特別支援学校・中学生・知的障害教育	
4つの特徴	**教科**
②「支援・添削」、 ③「どこでも・家庭学習」	「数学」

実践の概要

■どんな困難を抱えている？
　集団の中で学習すること
　コミュニケーションをすること
　落ち着くこと

■指導上の工夫の意図は？
　Zoom を通して課題に取り組む以外の操作負担をかけないようにする。
　生徒の学習のためのタブレット操作を最低限にし、学習に取り組む負担を軽減する。
　同時書き込みによる待ち時間の無い添削。
　一度に表示する課題の量を減らす。

■どのように？
　教材は教員が PowerPoint で作成し、画像化したものを使用する。
　画像は一枚ずつ表示し、ペンモードを使って生徒、教師双方で書き込みを行う。
　適宜九九の読み方やヒントを書き込む。

■どう変わった？
　1対1環境が保証されることで対面よりも集中して取り組むことができた。

落ち着いて最後まで取り組めた。

分からない所や聞きたい所を伝えることができ、解決しながら取り組めた。

印刷されたプリントでも最後まで取り組めることが増え、質問もできるようになった。

🛜 このように取り組みました！

使用したツール「Zoom」

　本ツールは、主にビデオ通話による Web 会議アプリである。ホスト側（発信側）はアカウントが必要だが、受け手側はアカウント不要で通信することができることが他のビデオ通話ソフトと違う点である。画面の共有が簡単にでき、自分の画面だけでなく、画像を指定して共有する機能やホワイトボードの共有機能も実装されている。ペンモードがあり、共有されているものに自由に書き込みすることができる。

■ 類似のツール「Teams」・「Meet」

　「Teams」は、Microsoft が提供するビデオ通話も含めたチャットツールアプリである。Word などの Microsoft の代表的な office ソフトとも連携でき、ファイルの共有もできる。「Meet」は Google が提供するビデオ通話アプリである。Zoom のように画面の共有ができる。上記２つのアプリと Zoom の大きな違いは、「Zoom だけが共有した画像に双方で書き込みができる」という点である。

実践の枠組み

　この単元では、掛け算の学習に取り組み、基本的な算数、数学の知識と技能を身に付けることを目的としている。

●授業の目標

・「特別支援学校学習指導要領　中学部　数学　思考力、判断力、表現力等　Ａ数と計算　ウ　整数の乗法に関わる数学的活動を通して，乗法九九について知り，１位数と１位数との乗法の計算ができる」

●対象の学級：中学部２年生の２人学級であり、この学習は内１名の生徒が行った。

子どもの困難さの具体

　対象の生徒は、学習への苦手意識が強い生徒である。感情の起伏も激しく、衝動的にプリントを破いてしまうなどの不適応行動が見られた。また好きなことへの集中力は高いが、長時間の学習は集中力の持続が難しい実態があった。待つことの苦手さもあり、集団での学習では一斉説明の場面などで見通しが持てず離席することもあった。１対１の学習では比較的課題に取り組めるが、プリント学習は苦手意

識が強いため、簡単な内容の課題に短時間取り組んでいた。分からない問題は諦めてしまう傾向があり、フラストレーションが高まると学習への意欲が一気に低下してしまう様子も見られた。

指導上の工夫の意図

　本単元では事情により登校できない生徒に対して、紙のプリントを事前に配布するのではなく、都度 Zoom 上で画面共有したデータでの学習に取り組んだ。事前に Zoom の操作やアカウントの設定を学校で行い、どうすれば Zoom の応答ができるか、といった基本的な操作についてレクチャーを行い、Zoom で課題に取り組む以外の負担がかからないよう配慮した。紙のプリントであれば衝動的に破かれてしまう可能性があるが、タブレット上であれば比較的落ち着いて取り組むことができた。課題のデータ配信では Google Classroom があるが、このソフトでの配信ではなく Zoom の画面共有での学習を行った理由は、生徒側の負担軽減である。Classroom であれば、生徒が課題にアクセスするまでに①アプリを起動する、②授業タブを開く、③対象の課題を選ぶ、④割り当てられた課題を開く、⑤課題に取り組む（ここでもペンでの書き込み、文字入力を自分で選択）、⑥終了後、提出する、⑦添削された課題を見返して再提出する、といった流れが必要である。Zoom の画面共有での学習の場合、① Zoom で受電する、②画面共有されたら画面左下の注釈機能をタップする（図1）、③ペン機能を用いて（図2）問題を解く、④解き終わったらそのまま教員が添削する、⑤必要に応じて課題を解きなおす、と生徒は画面をほとんど切り替えることなく取り組むことができ、また教員の添削のためにデータを送信する必要もなく、解いている途中で教員がヒントを提示することもできる。対面でプリント学習する場合とほとんど同じレスポンスのやり取りができる上、対面ではペンがぶつかったり、近くなりすぎたりするようなやり取りもオンライン上では気にせず行うことができる。解き終わった後は、保存ボタン（図2）を押して画像として記録することができる。デメリットとして、画像を拡大して書き込みができないため（図3）、表示できる問題数は多くできないという点があ

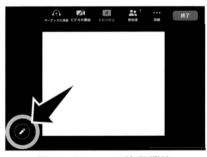

図1　Zoom の注釈機能

図2　ペンの設定画面

| 1 | × | 2 | = | 2 |

図3　拡大して注釈機能を使った場合、戻すと注釈がずれる

る。本単元の九九の学習に当たっては、生徒が掛け算の仕組みを理解して答えにたどり着けるよう、都度ヒントを書き加えたり、九九の一覧表などを共有して活用しながら学習に取り組んだ。

手立て

掛け算の問題は一度に5問だけ表示して取り組んだ。既存のプリントのスクリーンショットでは文字がつぶれてしまうため、PowerPoint を用いて問題を作成し、画像として保存する（名前を付けて保存➡ファイルの種類を JPEG または PNG にして保存）することで「ドリル」を作成した。Zoom での画面共有の流れはタブレットアプリ版 Zoom を想定する。①共有をタップ、②写真をタップ、③写真のアクセスを許可し、課題の画像を表示（1枚のみ）、④注釈機能（オプションでオンにする、詳細は Zoom を参照[1]）を使用し、生徒がペンで書き込みを行う（ペンの色は赤以外を指定する）、

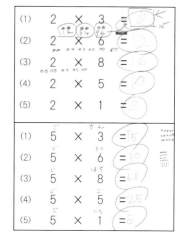

⑤教員も注釈機能で添削を行う、⑥課題が終わったら画像を保存し、次の課題画像を共有しなおすことで、次の課題に取り組める。九九なので読み方も学習するため、解き終わった問題の上に「に　いち　が　に」等九九の読み仮名をつけた。

子どもの変容

Zoom 画像共有での学習のデメリットとして一度に表示できる情報の少なさがあるが、このデメリットは学習への集中力の持続が苦手な本生徒にとってはメリットであった。少量の課題を短いスパンで繰り返し取り組むことで、対面で行うよりも集中して長時間取り組むことができた。待つことが苦手であるが、1対1環境で待ち時間が少ないという要因もポジティブに働いたと考えられる。Zoom を使った添削はリアルタイムに同時に書き込めるため、これも待ち時間短縮につながった。分からない問題についても、1対1環境で聞きやすくなったこともあり、「ここが分からない」「これはどうすればいいんですか？」と都度確認を取りながら取り組むことができていた。対面では「これだけやったら終わりでいいですか？」と学習には意欲的ではなかったが、本単元では課題の量が少なく感じるためか「もう終わりですか？」「まだできます」と学習に対して前向きに取り組む姿勢が多く見られた。対面の授業に戻った際も、以前よりプリントを破るといった行動が減り、関係性の出来ている教員を中心に質問しながら学習を進めることが増えてきた。

1　https://support.zoom.us/hc/ja/articles/115005706806- 共有画面またはホワイトボードにおける注釈ツールの使用

レポート課題に対するコメントから対話を行い主体的に発信してみよう

Google ドキュメントの共有機能を利用した教員の添削

埼玉県立特別支援学校大宮ろう学園　教諭　菊池 亨

情報伝達（入ってこない、伝えられないなど）の困難さ、聴者とのかかわりではコミュニケーションで誤解やズレが生じる困難があるろう学校の生徒らを対象に、情報伝達時の誤解や認識のズレを速やかに修正するために、レポート課題を繰り返すことで適切な言語化を行って主体的に発信できるよう実践を重ねた。間違いに気づかないことや疑問に感じないことがあり、質問も少ないため、コメント機能を活用し積極的なディスカッションになるよう促した。

使用するツール	子供の困難さ
「Google ドキュメント」	・聞くこと、話すこと ・読むこと、読み取ること ・コミュニケーションすること（気持ちを表現すること、気持ちを理解すること）

対　象

特別支援学校・専攻科生・聴覚障害

4つの特徴

②「支援・添削」

教　科

　全ての科目で実施しているが、本内容では思考の言語化を促すことや理解度を測定するため、単元終了後に課しているレポート課題の取組内容について取り上げる。

実践の概要

■どんな困難を抱えている？

　ろう難聴などの児童生徒が在籍する聴覚障害部門の特別支援学校である。聴覚障害がある場合、情報伝達（入ってこない、伝えられないなど）の困難さ、聴者とかかわる場合はコミュニケーションで誤解やズレなど生じる場合がある。

■指導上の工夫の意図は？

　情報伝達時の誤解や認識のズレを速やかに修正する。

■どのように？

　生徒の履歴書の添削や日本語獲得のための学習、プレゼンテーション、表計算などの学習を授業者（授業に参加している全員）と「共有」設定にして同期通信することにより、リアルタイムで添削指導することに取り組み、情報を理解する困難さや認識のズレなどを即時フィードバックした。速やかに具体的な行動目

標を示すとともにフォローアップを行い、適切な行動を強化・維持をした。

■ **どう変わった？**

　双方向の学習であるため、指導者からの意見や周囲の生徒からの意見をリアルタイムで伝え合うことができた。その結果、学習意欲の喚起や知的好奇心を高める学び合い活動となった。添削の様子を授業に参加している全員と共有していたため、コメントや添削の過程が可視化され、表現力に課題のある生徒や適切な日本語の使用が難しい生徒にとって、諸々が可視化されていることは自分を俯瞰することや、他者の考えと自らの意見の摺り合わせを行うなど調整する力が高まってきた。

📶 このように取り組みました！

使用したツール「Google ドキュメント」

　本ツールは、新しいドキュメントを作成することや既存のドキュメントを編集することができる。また、他のユーザーとドキュメントを共有して同時に編集することができる。いつでも、どこでも、オフラインで作業をすることもできる。

■ 類似のツール「Microsoft Word」

　「Microsoft Word」は、「Google Docs」と同様にドキュメントの作成、編集、共同作業を行うことができる。基本的には「Google Docs」と同様の使い方になる。Word アプリにより、ファイルの作成、編集、表示、他のユーザーとのファイルの共有を、すばやく簡単に行うことができる。Word を使用すれば、どこにいても Office を利用できる。機能面や操作面のメリット・デメリットを考慮して、用途に適して使い分ける必要がある。

　＊本実践では Google ドキュメントを使った取組を紹介しているが、本校ではこのほか、Pages や Word、Workspace といった他のアプリケーション（ソフトウェア）でも実践を行っている。

実践の枠組み

　目の前の社会参加を見据え、日本語文章力や敬語、筆談力など基礎的知識やコミュニケーションスキルの 向上、ビジネスマナーを習得するため、リアルタイムで支援・添削を行って即時フィードバックすることを意識している。

●授業の目標

・本校では「自分の良さを伸ばし、一人一人が輝く」学校教育目標を設定し、「自ら学びを深め、たくましく生きる力をはぐくむ学校」を目指す学校像としている。それを達成するため、教育活動全体を通じて、①言語教育の充実、②基礎

91

基本の重視、③生活指導の充実、④安全教育の充実、⑤保護者・関係諸機関との連携、⑥ ICT 活用の充実などを教育方針として教育活動に取り組んでいる。

・高等部専攻科では「職業に関わる専門知識や技術を高め、個々の能力に応じた就労を目指す」「豊かな社会生活を送るための自己教育力を養う」「自らの障害を認識し、社会的自立を目指す」「コミュニケーション力を高め。積極的な社会参加を目指す」

●**対象の学級**：専攻科２年生の６人学級であり、この学習は６名の生徒が行った。

子どもの困難さの具体

この取組にあたって、対象の生徒はろう・難聴者であるため、日本語の自然習得が難しく、語彙が乏しいことや助詞の使い方が難しいことがある。文書作成で行き詰まると手が止まってしまうことや分からないことを理解していない、思いを相手に伝えるための自己表現をしたり、言語化したりなどが苦手である。また、質問をせず黙ってしまうことや間違いたくないなどの理由から、問題を後回しにしてしまうこともある。

指導上の工夫の意図

言語活動の充実や ICT 活用の充実を図るため、情報端末を使用しての学習を積極的に行っている。資格取得のための検定の受験をモチベーションにタイピング練習や表計算などの演習を常に行い、入力速度が上がっていることや、計算速度などが速くなったりしている。この取組では教育活動全体を通じて、対象の生徒がいつでもどこでも作業することや速やかに指導を行うことができるよう環境の整備を行った。間違いに気づかないことや疑問に感じないことが多く、質問の少ないことが多いため、積極的なディスカッションになるようコメントを多用した。しかし、オンラインでのやり取りはチャットやメールが中心で協調・協働学習をオンラインで行った経験が少ない。一方的な発信にならないよう、双方向のやり取りとなるよう「Ｑ＆Ａ」で簡単に回答することなく、「ＱをＱで返し」思考を促すようにした。オンラインで適切な言語化を行って主体的に発信できれば、オフラインでも適切な言語化と主体的に発信ができると考え、繰り返しレポート課題を課した。

手立て

　はじめに Google アカウントにログインし、ドライブにドロップしたファイルにアクセスする。予め共有設定を「リンクを知っているグループのメンバーは、誰でも編集できます」に設定しておくと、授業に参加している全員が編集可能となる。協調協働学習を行うときは、右上の吹き出しアイコンをタップしてコメント

を追加して「ディスカッションを開始」することができる。Google ドキュメントでは右上の吹き出しアイコンの下に「編集、提案、閲覧」をできるメニューがあり、必要に応じて使い分けをすることで、ディスカッションや気づきを促すことができる。場合によっては教科担任以外の教員や授業に出席している他の生徒もコメントすることがあり、防災の日に実施した備えない防災「フェーズフリー」やディープフェイクの「ポジティブな活用例」などにおいて、活発なディスカッションが展開されたことや適切な情報保障を行うことができた。

子どもの変容

　将来の社会参加を見据え、教育活動全体を通じて、日本語の獲得やコミュニケーションスキルの向上は喫緊の課題である。一方的な学習で共有や共感などレスポンスを認めない、封じ込めてしまった場合、誤学習の生じる恐れがある。それをリアルタイムで且つ、双方向の学習にすることによって、学習意欲の喚起や知的好奇心を高める活動とすることができた。寡黙な学生もオンラインでディスカッションをすることで積極的に発言する様子も見られ、授業の活性化の一助とすることができた。また、コメントや添削の過程が可視化されているため、表現力に課題のある生徒や適切な日本語の使用が難しい生徒にとって、自分を客観視することですぐに日本語や漢字のミスなどを修正することができた。

みんなで撮った写真で
学校の周辺の地図を作ろう！

校外学習「地域を知ろう」で撮影した風景写真を使用した地図作り

北海道星置養護学校ほしみ高等学園　教諭　小林 義安

　校外学習においてタブレット端末で風景写真を撮影し、生徒らが撮影したデータの中から写真を選び地図を作る。通常のカメラではシャッターやズーム機能にはボタンを使うが、タブレット端末では画面上に指で触れて操作できるため、知的に障害のある生徒にとっても扱いやすい。撮影データはクラウドにアップロードして共同閲覧し、沢山の写真の中から選んで印刷し地図が完成した。自分が撮った写真が使われたり、地図上にコメントしたりすることで生徒らの参加に対する意識を高めることができた。

使用するツール	子供の困難さ
「カメラ」「Google ドライブ」	・学習（計算、推論、学習の補助等）すること
対 象	・手順・順序を理解すること
特別支援学校・高等部・知的障害	
4つの特徴	**教 科**
③「どこでも・家庭学習」 ①「分担・共同作業」	「生活単元学習（教科を合わせた学習）」

実践の概要

■どんな困難を抱えている？

　学習（計算、推論、学習の補助等）すること、手順・順序を理解することが苦手な集団

■指導上の工夫の意図は？

　複数端末で伝わりやすい写真を選ぶ

■どのように？

　学校の周辺の地域を学ぶ授業を通して、行事に対する見通しが持ちにくい生徒に意欲を高める授業を行っている。地域の散策において、タブレット端末を持ち出し、要所で写真を撮りため、帰校後にクラウドに保存した。後日、複数端末でクラウドにアクセスし、望ましい写真を選択し、わかりやすく大判の地図にまとめた。

■どう変わった？

　従来のコンパクトデジタルカメラでは操作の難しい生徒でも、タブレット端末のカメラ機能を使うことで操作性もわかりやすく、大きな画面で構図や画角を確認しながら写真を撮ることができた。操作が簡便なため、生徒の意欲も高く、多数の写真を撮りためることができた。また、帰校後の写真選択において、クラウドに保存されているものを参照することで簡単に共有ができた。

📶 このように取り組みました！

使用したツール「Google ドライブ」

本ツールは教育用において Google Workspace for Education というアプリケーション群の一つとして、Google によって提供されているオンラインストレージである。文書ファイルはもちろん、写真、音楽、動画など、様々なデータを保存することができるサービスであり、複数のデバイス（多様な OS 上のアプリ、Web ブラウザも含めて）からアクセスできることや、共有機能を使ってデータのやり取りができること、ドライブ内で直接データの作成や編集もできるなど、保存・共有が簡便になっている。

■ 類似のツール「OneDrive」

「OneDrive」は、Microsoft によるオンランストレージで「Google ドライブ」と同様に文書、写真、音楽、動画など様々なデータを保存、共有することができる。Microsoft による提供ということもあり、「Microsoft Windows」「Microsoft Office」との親和性が高く、操作も簡便（Google ドライブに関しても、ソフトをインストールすることで同様にすることができる）になっている。

実践の枠組み

　この単元では学校のある地域について学ぶことを通して、地域生活に必要なルールやマナーなどを理解し、最終的には学校行事の一つである遠足に安全に参加することを目指して学習に取り組んだ。

●授業の目標

・「特別支援学校学習指導要領　高等部　国語（2）社会生活における人との関わりの中で伝え合う力を高め，思考力や想像力を養う。」

・「特別支援学校学習指導要領　高等部　社会（1）地域や我が国の国土の地理的環境，現代社会の仕組みや働き，地域や我が国の歴史や伝統と文化及び外国の様子について，様々な資料や具体的な活動を通して理解するとともに，情報を適切に調べまとめる技能を身に付けるようにする。」

・「特別支援学校学習指導要領　高等部　理科（3）自然を愛する心情を養うとともに，学んだことを主体的に生活に生かそうとする態度を養う。」

●**単元計画（計17時間）**

オリエンテーション	1時間
集団行動のルールやマナーを知ろう	1時間
学校の周りを歩こう※	6時間（本時）
おやつを買いに行こう	3時間
学校の周辺にあるものについてまとめよう※	1時間（本時）
遠足	3時間
遠足を振り返ろう	1時間

●**対象の学級**：高等部3年生33名の学年全体で取り組んだ。

子どもの困難さの具体

　この取組にあたって、従来のコンパクトデジタルカメラにおける操作性は、手指の巧緻性の課題のある生徒にとって扱いにくいものであり、メニュー等のユーザーインターフェースに関しても、メーカーごと、機種ごとの差異があり、わかりにくいものとなっている。また、筐体のコンパクトさを求めるあまり、液晶ディスプレイに関しても視認性の良いものとは言い難い。シャッター操作の難しさから、何度も撮影してしまいメモリーカードの容量不足が生じてしまうこともあった。

指導上の工夫の意図

　タブレット端末は、カメラ機能を搭載しており、タッチパネルを使って操作ができるようになっている。シャッターやズームといったコンパクトデジタルカメラではボタンを使って実現している機能が、タブレット端末ではタッチパネル画面上に指で触れて操作することで実現されている。そのため、非常に操作がしやすく、かつ知的に障害のある生徒にとって分かりやすいものになっている。また、校内に戻り次第、ネットワークに接続することで写真を共有することが可能なため、帰校後すぐにクラウドにアップロードすることで、タブレット本体の保存容量の少なさを解消するとともに、共同閲覧ができるようになっている。

手立て

　クラスごとに集団で行動して、適切な撮影箇所をそれぞれで見つけてタブレットで撮影する。カメラ機能の使い方や構図や画角などの設定については、事前に学習を行っているが、設定でグリッド線を表示しておくと分かりやすい。帰校後校内

Wi-Fi ネットワークに接続し、Google ドライブのアプリを起動し、Google アカウントでアクセスする。画面下部にある「ファイル」をタップして、フォルダ及びファイルを表示する。その後、画面上部検索ボックスの下にある「共有ドライブ」をタップし、所定の共有ドライブ（事前に作成しておい

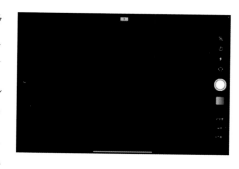

たもの）からアップロードしたい場所まで移動する。画面の右下にある（＋）をタップし出てきたメニューから「アップロード」を選択する。出てきたメニューから「写真と動画」をタップして、写真を選択（アクセス許可を求められたら「すべての写真へのアクセスを許可」をタップ）する。必要な写真を選択した後、右上の「アップロード」を押すことで撮ってきた写真を Google ドライブ上にアップロードできる。Google ドライブのようなクラウドは、写真や動画の種類の違いを問わずに再生できるので、昨今の Apple 社製のタブレット端末で使われている HEIC/HEIF 形式などの最新の形式に関しても問題なく扱うことができる。

子どもの変容

　今回の学習では、「遠足」という例年行事に ICT 機器を取り入れることで、行事に対する見通しや期待感をもたせるようにした。また、同時に相手に「伝わりやすい」ことも目指した。タブレット端末は大画面であるということで、構図などを意識した「良い写真」が多くなった。従来であれば、教師が撮った写真を選ぶことも多く、自主的な生徒の活動が少なかった。今回はタブレット端末とクラウド環境を使うことで写真データを複数端末から閲覧し、選択したあとに印刷し、大判印刷した地図にまとめる

ことができた。自分が撮った写真を選ぶことで、生徒の参加に対する意欲が高くなったと同時に、撮影時のことを思い出しながらクラスメイト同士で意見を出し合いながら、地図へのコメントを加えるなど協同的な学びの場面が増えたように感じている。休み時間に廊下に掲示されている地図を見ながら、期待感を持って話をしていた様子は非常に良かったと感じている。

登校が困難な生徒との共同機能を活用した協働学習

生徒会みんなで新入生歓迎会のレクリエーションを考えよう！

埼玉県立熊谷特別支援学校　教諭　大島 啓輔

本実践では、高等部生徒会に在籍する4名の生徒が、感染拡大防止予防のため直接のコミュニケーションをとる機会が減る中、新入生歓迎会に向けてのレクリエーションについて話し合った。話し合いには双方向通信のできる Google Classroom で内容を記録し、自分たちの意見をコメントで記入させた。また、誰もが楽しめる内容となるよう、自分たちのことをクイズにし新入生が楽しめるレクリエーションを考案した。生徒同士で進捗状況を確認したり、自分の意見を伝えたりするように促し、生徒同士がコミュニケーションを図る機会を設けることができるよう工夫した。

使用するツール	子供の困難さ
「Google Classroom」 「Google スライド」	・コミュニケーションを図る機会が減少したこと ・複数人の話し合いの場面で、自分の考えを表出しづらい

対　象	
特別支援学校・高等部・肢体不自由	

4つの特徴	教　科
③「どこでも・家庭学習」 ①「分担・共同作業」	「特別活動（生徒会活動）」

実践の概要

■どんな困難を抱えている？

言語の理解ができ、自分の考えを表出することができるが、生徒同士の話し合いの機会となると自信のなさから意見が出ない。また、感染症拡大予防のため登校が困難となってしまったことによりコミュニケーションの機会が減ってしまった集団。

■指導上の工夫の意図は？

コミュニケーションを図ること

■どのように？

新入生歓迎会に向けたレクリエーションの企画・運営の準備に取り組んだ。Google Classroom で話し合いの内容を共有し、Google スライドの共同機能を活用した協働学習に取り組んだ。共同機能を活用し作成することで、誰かに "作ってもらう" ではなくて自分たちで "作り上げる" ことができる環境を整えた。

■どう変わった？

協働しながら取り組むことで、各々が自分で作成する時間を計画しながら進めることができた。また「A君、このページのスライドの文字の色を変えてないよ」など生徒同士で活動の進捗状況を確認し、協力しながら取り組む様子が見られた。

🛜 このように取り組みました！

使用したツール「Google Classroom」「Google スライド」

　Google Workspace for Education で使用できるソフトウェアの中から2つの
アプリを活用した。「Google Classroom」は、学習用のプラットフォームであり、
アプリ内で作成されたクラスに在籍する生徒同士が、データを共有し協働するため
につながり合うことができる。「Google スライド」は、プレゼンテーション作成ア
プリであり、連絡先を知る者同士で協働してスライドを作成することができる。

■ 類似のツール「Microsoft Teams」「PowerPoint」

　「Microsoft Teams」は「Google Classroom」と同様に生徒同士でつながり合うことがで
きる。また、「PowerPoint」は「Google スライド」と同様に、スライドを共有することで
協働活動することができる。この他にも、Apple の「クラスルーム」と「Keynote」でも同
様のことができる。各校が配置されている自治体の実態に応じて活用ツールを柔軟に変更して
いくことができると考えられる。

実践の枠組み

　この単元は、年度末に行われた生徒会活
動の内容である。次年度の新入生歓迎会の
レクリエーションの取組として、生徒の自
己紹介をクイズ形式にしたいという意見か
ら協働してスライドを作成することを活動
の目的としている。なお、この取組は春季
休業中の家庭学習の時間も活動計画に踏ま
えて取り組んだ。

● 授業の目標

・「高等学校学習指導要領　特別活動　生徒会活動」

（1）異年齢の生徒同士で協力し、協働活動に必要となることについて理解し、行
　　　動の仕方を身に付けることができる。

（2）新入生歓迎会の充実とオンラインレクリエーションの向上を図るための諸問
　　　題の解決に向けて話し合い、合意形成を図ったり、意思決定したりすること
　　　ができる。

（3）人間関係をより良く形成するとともに、自主的、主体的に取り組むことがで
　　　きる。

●**単元計画**（計3時間＋家庭学習の時間）

レクリエーションを考えよう	1時間
自己紹介スライドを作成しよう	家庭学習
内容&動作確認をしよう	1時間
新入生歓迎会	1時間

●**対象の学級**：高等部生徒会に在籍する4名の生徒（当時 2年生3名・1年生1名）。

子どもの困難さの具体

　対象生徒も含め、当時の生徒会に所属している生徒は言語の理解、自分の考えの表出することはできるが、生徒同士での話し合いの機会となると自信のなさから意見が出ない。このような生徒の実態に加えて、対象生徒は感染症拡大予防のため登校が困難となってしまったことにより、他の生徒とのコミュニケーションの機会が減ってしまった。なお、当時生徒会に所属していた生徒は高等部に入ってからタブレットを活用しており、文章入力（ローマ字入力や音声入力）ができ、Google ClassroomやGoogleスライドなどを活用することができる段階である。

指導上の工夫の意図

　新入生歓迎会に向けてのレクリエーションを考える際に、生徒同士のコミュニケーションを図っていくために以下の2点の課題を提示した。1点目は、双方向通信でできる活動にすることである。2点目は、誰もが楽しむことができる内容にすることである。また、対象生徒が話し合いに参加できるように工夫するため、後日Google Classroomに話し合いの内容を共有しコメントに自分の意見を記入するように促すことで、考えを表出する機会を設けた。話し合いの中で生徒たちから「自分たちのことをクイズにしたら楽しめるのではないか」という意見があげられた。そこで、教員が「何枚くらいのスライドを作成するのか？」「それぞれのスライドにどんな内容を記入するのか？」と問題提起をすることで、話し合いの内容を深めていけるように工夫した。それに加えて、生徒が作成しているスライドを教員が確認し「写真は入れないのか？」「文字の色はみんな同じでよいのか？」と問題提起をしながらスライドの作成を進めていくことで、生徒同士で進捗状況を確認したり、自分の意見を伝えたりするように促し、生徒同士がコミュニケーションを図る機会を設けることができるよう工夫した。

手立て

　取組を始めるにあたって、教員は生徒との連絡用のクラスをGoogle

Classroom を活用し作成した。また、生徒に Google アカウントのログイン方法を伝え、Google Classroom の投稿方法や課題の開き方、Google スライドの基本的な操作方法について指導した。

　本取組は、はじめに Google Classroom 内の生徒との連絡用クラスに協働するためのスライドのデータと話し合いの内容を共有した。次に、各生徒は自分の Google アカウントにログインし、各自のタブレットで共有されたスライドを編集し保存する。すると、Google Classroom のクラス内で共有されている各自のスライドにも編集内容が反映される。このようにして、各生徒が他の生徒の進捗状況を確認しながら協働してクイズのスライドの作成を進めていった。さらに、家庭学習の時間では、わからないことや困ったことは Google Classroom に投稿するように促した。

子どもの変容

　今回の取組を通して、子どもたちに以下の4つの変容が見られた。1つ目は、オンラインでもできるレクリエーションを自分たちで企画・運営し、教員から称賛されたことで、自信を持った言動が増えたことである。2つ目は、共同機能を活用

することによって各自で作成する時間を計画しながら進めていくことができ、作成に対する責任感を持って取り組む様子が見られたことである。3つ目は「A君、このページのスライドの文字の色を変えてないよ」など生徒同士で活動の進捗状況を確認し、コミュニケーションを図りながら取組を進めていく様子が見られたことである。4つ目は、この取組後に生徒から「生徒会の Classroom が欲しい」と意見が出てきたことである。さらに、今回の取組を終えて、生徒は以前よりも話し合い活動に対して自分の意見を伝えるようになってきている。また、相手の意見や考えを尊重しながら話し合いをするといった協調性が高まってきた様子が見られている。

iPad で身体的な負担感を軽減し
作品づくりを納得いくまで取り組もう
「Canva」でポスターをつくろう

埼玉県立日高特別支援学校　教諭　菱 拓夢

本実践では、肢体不自由の小学部5年の生徒が、「自由研究を学校中の人に見てもらおう」というテーマでポスター作成に取り組んだ。日ごろから iPad を使った学習に積極的に取り組んでいることから、グラフィックデザインツール「Canva」を使用した。最初は学校や駅に貼ってあるポスターを見て研究し、伝えたい内容がイメージできる写真と言葉を「Canva」で並び替え納得がいくまで改良を重ね、完成させることができた。

使用するツール	子供の困難さ
「Canva」	・書くこと

対　象	教　科
特別支援学校・小学部・第5学年・肢体不自由	「国語」

4つの特徴
③「どこでも・家庭学習」

実践の概要

■どんな困難を抱えている？

図工やプログラミングでは、細かい操作や設定まで丁寧に制作することができるが、疾病により握力が弱く、筆圧が安定しないため、文字がアンバランスになったり、一回に書くことができる量が限られたりすることがある児童。また、作品に対して細かいところまで丁寧に作るために、授業の時間内で活動が終わらないことがある。

■指導上の工夫の意図は？

身体的な負担感を軽減することで、制作途中の作品を納得がいくまで取り組むことができるようにする。

■どのように？

夏休みの自由研究を紹介するポスターを「Canva」を用いて作成した。なお、文字の入力は児童の疲労度や負担の少なさを考慮し、キーボードもしくはタッチペンから選択することができるようにした。

■どう変わった？
　ポスターを作る際に重要な事柄や作成のポイントを押さえ、自分なりにフォントや画像の配置などを考えたポスターを作成することができた。また、余暇として「Canva」でポスターや手紙を作成する様子も見られた。

このように取り組みました！

使用したツール「Canva」

　本ツールは、ブラウザ、もしくはアプリ上で動作する無料のグラフィックデザインツールである。ロゴやポスター、プレゼンテーションスライド、名刺などを作成することができる。豊富な画像素材やフォントを選択し、配置することで簡単にデザイン制作することができる。教育用アカウントを用いることで、クラスを設定し、共同作業を行うこともできる。

■ 類似のツール「Adobe Creative Cloud」
　「Adobe Creative Cloud」は、「Canva」と同様に画像やテキストを配置し、効果的なポスターなどをデザインすることができる。ブラウザ上でも動作するため端末を選ばない。「Canva」と同様に豊富にストックされた素材と直感的な操作で印象に残る作品を作ることができる。

実践の枠組み

　この単元では身近な題材を基に自分の伝えたい事を意識して、見出しや図表を効果的に配置することを題材にしている。

●授業の目標
・「小学校学習指導要領　第5学年及び第6学年　国語　B　書くこと（1）エ」の「引用したり、図表やグラフなどを用いたりして、自分の考えが伝わるように書き表し方を工夫すること。」

●単元計画（計4時間）

学校や駅に貼られているポスターを読み取る	1時間
伝えたい内容を考える	1時間
「Canva」でフォントや画像の配置を工夫して制作する	2時間

●**対象の学級**：特別支援学校（肢体不自由）の小学部5年生の児童1名。下学年の内容で学習を行っている。

子どもの困難さの具体

　この取組にあたって、対象の児童は伝えたい事を言葉で表現することはできるが、図表や書体を工夫するという経験が少なく、配置やデザインを変更したのちに、どのような印象を受けるかイメージすることが難しい。作品に対して細かいところまで丁寧に仕上げるため、時間が多くかかる。制作の途中でも納得がいかない時は、作り直そうとするが、時間がかかり完成前に授業終了時刻となり諦めてしまうこともある。なお、下書きについては鉛筆や消しゴムを使う際に、身体的負担が大きいため行わなかった。

指導上の工夫の意図

　対象児童は、話すことが好きで、伝えたいことを話し言葉で表現したり、友達に自分の思いを優しい言葉で伝えたりすることができる。また、iPad を使った学習にも積極的に取り組み、プログラミングを用いてゲームを作成することにも挑戦している。そこで、ポスター作りにも高い意欲で取り組んでもらいたいと思い、「Canva」を使用した。

　ポスターのようにテキストや図表の構成を工夫する際には、下書きや推敲を重ねる必要があるが、紙と鉛筆で取り組む場合には、筋力の低下により身体的負荷がとても大きくなる。そのため「Canva」を用いて学習することで、自分の考えが伝わるまで繰り返し、写真や文字などの素材を思い通りに並び替えることができるようにした。

手立て

　はじめに、県が発行している学習者用アカウントを用いて、「Canva」にサインインを行う。検索窓に「ポスター」と入力し、テンプレートを検索する。
豊富な素材から伝えたい事柄に合わせたものを選択し、「デザインを作成」を選ぶ。テキストを編集し、授業の中で考えた内容に置き換える。

　画面左側の「素材」や「アップロード」から必要に応じた画像を挿入することが可能であり、児童自身が選んだ画像を配置する。

子どもの変容

今回の学習では「自由研究を学校中の人に見てもらおう」という内容のポスター作成から始まった。児童自身にとって思い入れのある作品を紹介するテーマであり、iPad 上でさまざまなパターンの作品を作ることができるので、意欲的に学習に取り組むことができることができた。

そのため、授業の中で作成したポスターを家庭で改良したり、自分の伝えたいことをポスターにまとめたりすることが見られた。

対象児童は作品を作る際に、時間に迫られ、仕上げが適当になってしまうこともあったが、Canva を使うことで簡単に複数のパ

ターンを作成することができた。今回の学習では、冒頭に駅や学校内に貼り出されているポスターを比較し、何が書かれているか、どんな印象を受けたかを確かめる学習が効果的だったと考える。さまざまなポスターからキャッチーで短いフレーズ、そして、目立つ写真やイラストが大切だと気付き、タイトルは「魚の解剖」、そして背景は、魚が泳ぐ水中の写真に設定していた。廊下を歩く人たちが足を止め、自由研究とポスターの両方を見てくれている様子や掛けてもらった声に嬉しそうな表情を見せていた。また、「次は文化祭のポスターを作ってくる！」と家庭でも学習に取り組む姿が見られた。

iPad で自分の思いを人に伝えよう

書くことが苦手な児童がKeynote で絵日記に挑戦

埼玉県立日高特別支援学校　教諭　菱 拓夢

　対象児童は元々重複学級に在籍していたが、小学部３学年より一般学級で下学年の内容で学習を行うようになったため、教科書を用いた学習内容に触れるのが他の児童よりも遅れており、本や文章を読むことには抵抗感があった。しかし、一般学級で学習するようになり、iPad や PC を活用した授業が増えていた。本実践では、一人一台端末で配られた iPad を活用し、プレゼンテーションソフト「Keynote」で自分の思いを文やスライドにして「夏休みの思い出」を人に伝えることを試みた。

使用するツール	子供の困難さ
「Keynote」	・書くこと ・発音の不明瞭さ

対　象
特別支援学校・小学部・通常の学級・肢体不自由

４つの特徴	教　科
③「どこでも・家庭学習」	「国語」

実践の概要

■どんな困難を抱えている？

　簡単な文章を用いて出来事を説明したり、自分の気持ちを表現したりすることができるが、疾病により握力が弱く、筆圧が安定しないため、文字がアンバランスになったり、一回に書くことができる量が限られたりすることがある。また、発音は不明瞭であり、似た言葉を聞き誤ることがある。

■指導上の工夫の意図は？

　身体的な負担を軽減することで、心理的な抵抗感や疲労感を少なくし、活動に集中することができるようにする。

■どのように？

　国語では、短い文を使って作文を行ったり、相手に伝わる文を書いたりする問題に取り組み、Keynote を活用し、見出しや写真を工夫した新聞やポスターを作成した。Keynote は、タッチペン、指、キーボードの中から本人が現在の疲労度に応じて入力

方法を選択することができるようにした。

■どう変わった？

　キーボード入力や指での描画機能を活用することで、筆記具を握って紙に書くよりも少ない力で筆記ができた。このように、筆記の際に必要な負荷が少ないため、文の組み立てを考えたり、集中して元の文章を読んだりするなど、本来の授業のねらいに注意を向けることができるようになってきた。また、文章の構成や入力に慣れてくることで、重く扱いづらかった辞書の代わりにインターネット上で言葉の意味を検索する姿が見られることが増えてきた。さらに、日々の活動において入力を iPad で代替することで、文章を書くことに意欲が生まれた。キーボード入力だけでなく、描画機能を活用し、自ら手書きで絵日記を作成することができた。

このように取り組みました！

使用したツール「Keynote」

　本ツールは、主にプレゼンテーションアプリであり、iOS 上で動作するソフトウェアである。写真や図表、文字の挿入、スライドの切り替えなどができることで効果的に情報を伝えることができる。

■ 類似のツール「Microsoft PowerPoint」

　「Microsoft PowerPoint」は、「Keynote」と同様にスライドを作成、表示することができる。また、アニメーション機能や「Smart Art」機能を用いることで、よりわかりやすいスライドを作成することができる特徴がある。基本的には「Keynote」と同様の使い方になるが、Microsoft アカウントが必要になるなど、学校や自治体に応じた使い分けが必要になる。

実践の枠組み

　この実践では、夏休みの思い出という身近な題材を休み明けにクラスの友達や先生に発表しようという目的を設定している。

●授業の目標

・「特別支援学校学習指導要領　小学部　国語　A 聞くこと・話すこと　イ　経験したことを思い浮かべ伝えたいことを考えること。」に関わり、「身近な題材や経験したことを基に、データを活用して文章問題を作ることができる。」

●対象の学級：特別支援学校（肢体不自由）の小学部5年生の児童1名。下学年の内容で学習を行っている。

子どもの困難さの具体

　この取組にあたって、対象の児童は短い文章で物事を説明したり、自分の思いを

文に書き表したりすることは可能である。ただ、作文のように長い文章の中で、指示語や目的語、話し言葉と書き言葉の使い分けについて誤った使い方をすることが多く、二、三行を超える文を書いたり読んだりすることには、抵抗感がある。また、主たる困難さとして、疾病による筋肉量の少なさに伴う筋力の低下や握力の弱さがあり、長時間ペンを握ることが困難である。

指導上の工夫の意図

　対象児童が一般学級で下学年の内容で学習を行うようになったのは、小学部３学年からである。それ以前は、重複学級で学習をしていたため、教科書を用いた学習内容に触れるのが他の児童よりも遅れている状態であり、漫画を含めて本や文章を読むことには抵抗感があった。しかし、一般学級で学習するようになり、理科や総合的な学習の時間などで iPad や PC を活用した授業が増えていた。

　学習においては、元々、不明瞭な発音を相手が聞き取れなかった場合に筆談を用いていたため、短い文や単語を書くことには抵抗感はない。しかし、長い文を読んだり、作文を書いたりする活動には、長い時間を要し、活動にも「できれば、やりたくない」と抵抗感を露わにすることもあった。そこで、一人一台端末で配られたiPad を活用し、自分の思いを文やスライドにして人に伝えることの練習を始めた。

　まずは、本人が負担の少ない入力方法を見つけることから始めた。スクリーンキーボード、カバー兼用キーボード、Bluetooth キーボード、タッチペン、指で描画…ありとあらゆる方法を体験し、自分自身で負担の少ない方法を選択できるようにした。

　次に、文章を書く練習である。文章を書く際には、文書作成ソフトではなくプレゼンテーションソフトを使用した。これは、スライドごとに短い文章を作成することで簡単に順番を入れ替えたり、まとめたりすることが可能であり、目に入ってくる情報量を整理し、文の内容を考えることに集中できるようにするためである。

手立て

　はじめに、Keynote のアプリを立ち上げ、テーマを選択する。文章を書くことに慣れてきた現在は、内容に合ったテーマを選択できるようになっているが、はじめのうちはベーシックなものを選択すると良い。

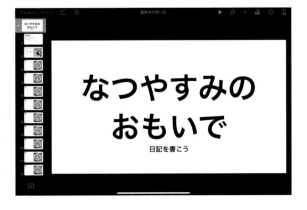

続いて、入力するテキストボックスや書体を選択する。マスタースライドで作成すると簡単。「起・承・転・結」や「はじめ・なか・おわり」など授業で用いた場面分けに応じてスライドを複製する。

　児童は、このテキストボックスに短い文章や見出しとなる文を入力していく。ダブルタップでキーボード入力できる状態になることやスライドを長押しすることで、位置を移動できることを児童と確認することも重要になる。夏休みの宿題では、ひとつのスライドで1日分を作成することにも挑戦するなど一度に取り組むことができる量が増えてきている。

子どもの変容

　今回の学習では、学びの困難さに対して得意な入力方法や負担の少ない方法を検討する時間を多くとれたことが児童の学習意欲を高めることにつながったと考えられる。また、プレゼンテーションソフトを用いて文を構成したことで、一度に目に入る文の量が少な

題名：いわしをいっきに4匹つれたよ

7月30日（土）

千葉県でつりをしました。
そして、写真のとうり、
いわしを4ひきつりました。
つってきたチャリコダイを
さばきました。とても楽し
かったです。
自分でさばいた魚
おいしかったです。

くなり、自分の書いた内容を推敲する際の負担も減ったと考えられる。夏休み前には、児童本人から「絵日記はiPadで書いていい？」と相談を受けた。提出された絵日記には、写真と共に、タッチペンとキーボードで一生懸命書いた日記が作成されており、1枚のスライドに1日分をまとめるなど工夫もなされていた。

　助詞や聞き誤りによる誤字については、学校で一緒に修正を行った。「だから変換できないのか。」など本人なりの気付きがあり、入力する際に見直すきっかけにもなっている。

給食のアンケート結果を視覚的に読み取りやすくしよう

「Google Forms」を用いたグラフの読み取り学習

北海道苫小牧支援学校　教諭　根井 亮宗

対象生徒は給食が好きで、好きなメニューがあるかどうかを献立カレンダーで常に確認していることから、本実践では「給食」を題材とした。初めにアンケートを作り、データを収集することから始めた。データ収集に当たっては、アンケートを自ら配りに行くことで相手と会話し、自分の得意な会話を通じて自分の思いを伝えられるようにした。また、問題の意図を視覚的に読み取らせるために、アンケートのデータをグラフとして表示させ、何が多いかわかるようにした。この情報を基に自分で文章問題を作成するなど、学習を楽しみながら進めることができた。

使用するツール	子供の困難さ
「Google Forms」	・読むこと、読み取ること
対 象	・概念（時間、大きさ等）を理解すること
特別支援学校・中学生・知的障害	・学習（計算、推論、学習の補助等）すること
4つの特徴	**教 科**
④「自動化」	「国語・数学（教科を合わせた学習）」

実践の概要

■どんな困難を抱えている？

　式を用いた計算はできるが、文章問題や具体物を用いた計算になると、数の概念や数の大小のイメージを持つことができない生徒。

■指導上の工夫の意図は？

　問題の意図を読み取らせる。

■どのように？

　自分で文章問題を作成することや、文章問題への苦手意識を解消するために生徒に身近な給食を題材に数の大小の問題に取り組んだ。お肉が好きか、魚が好きかを先生方に調査するGoogle Formsを作成させた。Google Formsを用いたアンケート機能と集計の表を使うことで、具体的な数と割合を表示させ、どちらの数が多いかを可視化させた。

■どう変わった？

　グラフになることで数の大小が分かり、数が表示されることで式への移行が容易になった。さらに差の人数を計算することができた。また、「次は米と麺で調べたい」など自発的に数の大小を調べたいと考える生徒も増加し、学習への意欲が向上した。

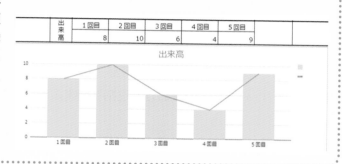

■どう変わった？

　「Google スプレッドシート」を活用することで、書字に対して苦手意識のある生徒が自信をもって文章を入力できるようになり、授業の感想の文章量が増えた。さらに、教師からのアドバイスを紙への手書きからシートへの入力に変えることで、即時にアドバイスができるようになり、プリントで振り返っていた時に行っていた紙の提出と返却する手順がなくなり、生徒に待たせる時間が短くなった。また、出来高をグラフ化することで、生徒が自分で作業速度を確認できるようになり、「もっとたくさんできるようになりたい」と思い、作業に対するモチベーションが高まった。「Google Forms」を活用することで、作業を振り返るためのチェック項目の評価が記録として蓄積され、その結果がグラフ化されることで、自分の得意なことや苦手なことに気付けるようになった。

出来高	1回目	2回目	3回目	4回目	5回目		
	8	10	6	4	9		

🛜 このように取り組みました！

使用したツール① 「Google Forms」

　本ツールは、主にアンケートを作るアプリであり、Google Workspace for Education で使用できるソフトウエアである。アンケートを集計し、グラフに自動的に置き換えることができることで簡単に視覚的に情報を伝えることができる。

■ 類似のツール 「Microsoft Forms」
「Microsoft Forms」は、「Google Forms」と同様にアンケートを作成、集計し、グラフ表示することができる。また、「Microsoft Excel」でデータの一覧を表示できる特徴がある。基本的には「Google Forms」と同様の使い方になるが、ランキングなど順位付けできる機能があるなど、「Microsoft Forms」を使用できる場合は用途に応じた使い分けが必要になる。

使用したツール② 「Google スプレッドシート」

　本ツールは、表計算アプリであり、Google Workspace for Education で使用できるソフトウエアである。数値データの集計、算術計算、グラフやデータベースの作成、高度な統計分析などを行うことができる。

■ 類似のツール 「Microsoft Excel」
「Microsoft Excel」は、「スプレッドシート」と同様にアンケートを数値データの集計、算術計算、グラフやデータベースの作成、高度な統計分析などを行うことができる。

実践の枠組み

　この単元では、学校の調理員が使用している三角巾とエプロンのアイロンがけを題材にしている。

●授業の目標

・「特別支援学校学習指導要領　高等部　職業　知識及び技能　Ａ職業生活　イ　職業生活に必要とされる実践的な知識及び技能を身に付けること。」

・「特別支援学校学習指導要領　高等部　職業　知識及び技能　Ａ職業生活　イ　使用する道具や機械等の特性や扱い方を理解し、作業課題に応じて正しく扱うこと」

・「特別支援学校学習指導要領　高等部　職業　思考力、判断力、表現力等　Ａ職業生活　イ　作業や実習における役割を踏まえて、自分の成長や課題について考え、表現すること。」

●対象の学級：高等部３年生の８人学級である。

子どもの困難さの具体

　この取組にあたって、対象の学習集団の中には、字をバランス良く書くことが難しく、書字に対して苦手意識があり、筆記用具で文字を書くことに対して拒否感が強い生徒が多くいる。そのため、一部の生徒は、作業学習の振り返り場面で授業の感想を書くことを嫌がることがあった。また、同じ作業を繰り返し行うことで、一定の成長は見られるが、慣れてくると学習に対する意欲が低下する生徒がいる。

指導上の工夫の意図

　対象の学習集団はタブレット端末を使用することを好んでいたので、作業日誌や作業の出来高をデジタル化することでグラフにより視覚的にわかりやすくなり、学習意欲が高まることをねらった。また、作業日誌を「Google Forms」にすることで、評価が記録として蓄積され、その記録を見て自分の得意なことや苦手なことに気付くことができるようにした。

手立て

○　「Google Forms」

　Google アカウントにログインし、Google アプリアイコンから「Forms」を選択する。「新しいフォームを作成」をクリックする。質問内容については生徒が働くために必要な力や課題を考え、設定した。選択肢は「できた」「だいたいできた」「あ

まりできなかった」「できなかった」の４件法にして、回答方法はラジオボタンでの選択とした。また、生徒へのデータの共有がスムーズになるように URL を QRコードで印刷し、配布した。回答者には事前に、Google アカウントにログインさせた。

○「Google スプレッドシート」

Google アカウントにログインし、Google アプリアイコンから「スプレッドシート」を選択する。「新しいスプレッドシートを作成」をクリックする。紙で使用していた作業日誌と同様の様式でスプレッドシートに入力する。必要ない行と列は、削除したい行 (列) を複数選択し、選択した行の上で右クリックし、「行 (列) を削除」をクリックし、削除する。出来高をグラフ化するためには、出来高を入力するセルを作り、そのセルを範囲選択し、「挿入 - グラフ」の順でクリックする。そうすると出来高のグラフが表示される。出来高を入力するセルが横並びの場合は、「グラフを編集」から「行と列を切り替える」をクリックする必要がある。

子どもの変容

今回の学習では、今まで紙で配付していた作業日誌を「Google Forms」と「Google スプレッドシート」を活用してデジタル化することで、生徒の学習意欲が高まったり、困難さを克服したりすることができた。書字に対して苦手意識があった生徒は、授業の感想をタブレットで入力できるようになることで、積極的に文章を考え、入力する姿が見られるようになった。また、振り返りを「Google Forms」でアンケート形式にすることで評価が記録として蓄積されるだけではなく、その結果がグラフ化されるようになり、客観的に生徒自身の得意なことや苦手なことなどに気づけるようになった。

117

学習したことをクイズ形式で確認しよう

Kahoot! を使った効果的な授業の振り返り

北海道星置養護学校ほしみ高等学園　教諭　小林 義安

　本実践は、授業終盤のまとめを通常は課題プリントを行わせているが、その部分を「Kahoot!」に置き換えて、クイズ感覚で振り返りを行うというものである。「Kahoot!」はゲーム仕立てで画像、動画や音声が使われることで、生徒自身が興味を持ち、意欲的に取り組むことができる。モノクロのプリント教材と違い、カラーで見られ理解も深まるメリットもある。自分から積極的に取り組む場面が増えたことで周囲からも評価され、より一層意欲的に取り組むという好循環が見られた。

使用するツール	子供の困難さ
「Kahoot!」	・書くこと ・話すこと ・学習（計算、推論、学習の補助等）すること ・手順・順序を理解すること

対　象	
特別支援学校・高等部・知的障害	

4つの特徴	教　科
④「自動化」	「生活単元学習（教科を合わせた学習）」

実践の概要

■どんな困難を抱えている？
・書くこと　・話すこと　・学習（計算、推論、学習の補助等）すること
・手順・順序を理解すること

■指導上の工夫の意図は？
　授業の振り返りにオンラインツールを使う

■どのように？
　生活単元学習などでの授業のまとめの場面において、理解度を見るためにプリントなどを使って、簡単なテストを行っている。書くことや話すことに困難さがある生徒に対しては、教師が視線や反応を見取って、手を取って書いているのが現状である。そこでオンラインツールである「Kahoot!」を使うことで、困難さの低減を図った。

■どう変わった？
　従来のプリントでの確認作業では、教師の経験や見取りのスキルによって、生徒の理解度を見る部分において差があった。そのため、対応する教師次第で、生徒の評価が変わってしまうこともあった。また、書くことが苦手な生徒でも、タブレットは家庭や放課後等デイサービスで日常的に使っていることもあり、意欲的に取り組むことができる。したがって、「Kahoot!」を使うことに対しても、拒否感は少なく、さらにゲー

ム仕立てになっていることからも、興味を持って取り組むことができた。自分から取り組む場面が増えたことで、周囲からも評価され、より一層意欲的に取り組むという好循環が見られた。

📶 このように取り組みました！

使用したツール「Kahoot!」

　本ツールはノルウェー科学技術大学のプロジェクトによって開発されたクイズを中心としたツールであり、現在はKahoot! 社によって運営されているオンラインアプリである。無料版では4択もしくは○×形式の制限時間付きの問題を作成することができ、ネットワークを介して参加者を募ることができる。参加者はゲームPINと呼ばれる参加コードを入力したり、QRコードを使ったりすることで簡単に参加ができる。世界200カ国以上に約18億人のユーザーを持っていると言われており、2021年6月より正式に日本語にも対応している。基本的にはWebアプリであるため、ネットワークにつながる端末であれば、OSを選ぶことがなくWindows、Mac、Chromebook、iPad、iPhone、Androidなど、どれからも利用することができる。ユーザー数が多いので、多数の問題が公開されている。

■ 類似のツール「Quizlet」「Quizizz」

　「Quizlet」は、Quizlet 社によるオンラインアプリであり、「Kahoot!」とは異なり、デジタル単語カードを基本としている。そのため、一問一答方式のクイズが基本となる。そのため、シンプルではあるものの、視覚支援が必要な場合にはやや難しいと考えられる。

　「Quizizz」は、Quizizz 社によるオンラインアプリで、「Kahoot!」と同様であるが、選択式と入力式のどちらも無料で使うことができる。機能は多いが、まだ日本語化が不十分であるため、今後のアップデートに期待したい。

「Quizlet」

「Quizizz」

実践の枠組み

　普段の学習活動での授業のまとめにおいて、書くことを主体した指導、確認を行っているが、書くことや伝えることに困難さがある生徒に対して、ゲーム仕立てで簡単に取り組めるようにすることで、意欲を持てるようにした。

●授業の目標

・「特別支援学校学習指導要領　高等部　国語　１段階〔思考力，判断力，表現力等〕A　聞くこと・話すこと　ウ　話の中心が明確になるよう話の構成を考えること。」

・「特別支援学校学習指導要領　高等部　国語　１段階〔思考力，判断力，表現力等〕B　書くこと　ウ　自分の考えとそれを支える理由や事例との関係を明確にして，書き表し方を工夫すること。」

・「特別支援学校学習指導要領　高等部　自立活動　６　コミュニケーション(1)　コミュニケーションの基礎的能力に関すること。」

・「特別支援学校学習指導要領　高等部　自立活動　６　コミュニケーション(2)　言語の受容と表出に関すること。」

・「特別支援学校学習指導要領　高等部　自立活動　６　コミュニケーション(3)　言語の形成と活用に関すること。」

●**対象の学級**：高等部３年生の７人学級。そのうち７名の生徒が行った。

子どもの困難さの具体

　この実践にあたって、本校における生活単元学習などの学習においては、スライドや資料、マルチメディア教材など様々な手段で知識・技能の伝達を行っている。しかし、その定着を確認する手段としては、技能面においては作品などの完成度で測っている一方で、知識面においては文書でのテストなどが中心となっている。書くことや話すことに困難さがある生徒に対しては、教師が視線や反応を見取って、手を取って書いているのが現状である。

指導上の工夫の意図

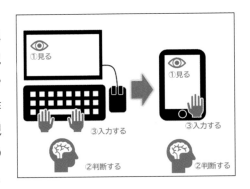

　従来のPCであれば、ディスプレイを見るという視覚情報の受容動作の後に、状況判断という処理動作を行い、キーボードやマウスなど入力機器を操作するという動作を行わなければならない。したがって、視点と操作点が異なっていると言える。そのため、知的に障害がある生徒にとっては、非常にわかりにくく、操作しにくいものとなっている。それに対し、タブレット端末は、タッチパネルを使って操作ができるようになっていて、視点と操作点が一緒であるため非常にわかりやすいものとなっている。

　また、使用するツール「Kahoot!」はゲーム仕立てになっており、画像、動画や音声が使われることで、生徒自身が興味を持ち、意欲的に取り組むことができるようになっている。

手立て

　普段の授業において学ぶ要素に関しては、従来と変わらず画像や動画を含む視覚的に興味を引くスライドなどを用意している。本校では、これらを使うことで、知的に障害のある生徒に対して視覚支援という合理的配慮を行っている。また、同時にプリントなどを配布することによりわかりやすい授業を目指している。

　その一方で、授業終盤のまとめの段階においては、生徒の主体的な活動を引き出すという意味でも課題プリントを行わせているが、その部分を単純に「Kahoot!」に置き換えてみた。教師側の準備としても、既存のスライドからテキストデータをコピーして貼り付ける程度の操作であるため、非常に簡単に作成することができる。文字を書かせて確認するといったことは残念ながら無料版では対応していないため、その部分はメモアプリなどで代用できると考えている。本実践においては、書くことが難しい生徒への配慮を重点的に行っている。

　また、コストの面からモノクロ印刷になりがちなプリントに対して、タブレット端末であればカラーで表示することができるので、課題の理解度を上げることもできている。

子どもの変容

　今回の取組においては、生徒が家庭や放課後等デイサービスなどで普段から使うことの多いタブレット端末での実践であるということから、興味を持って取り組む様子が見られた。従来であれば、授業の終盤ということもあり、集中力が続かなくなってしまう生徒もいて、理解度を確認するのも難しかった。写真カードやイラストカードなどを使い、正しい答えを選ぶように促していたが、考えなく手前にあるものを指しているように見える様子もあった。

　しかし、「Kahoot!」を使うことにより、生徒が手前を選ぶなどの場合でも、位置を簡単に変えることができるなど、従来では教師の見取りに頼っていた部分も、客観的に評価できるようになった。教師集団においても、表出が少ない生徒の理解度を知ることができたと好評であった。

タブレットで学習意欲を高め漢字検定に取り組もう

漢字検定に向けた学習

前・北海道紋別高等養護学校（現・北海道室蘭養護学校）教諭　中村 達也

　本実践では、漢字の学習に対して苦手意識がある生徒を対象に、生徒たちが日ごろから好んで使用しているタブレット端末を活用して漢字の学習を行った。使用したコンテンツ「【漢検】漢字検定 WEB 問題集」は問題の答えを１問ずつ自己採点で確認することができるので、間違えることに対して過度に嫌がる生徒でも、間違えたときも落ち着いて学習に取り組むことができた。また、間違えた漢字を単語帳に記入することで、苦手な漢字を繰り返し学習でき、漢字の読み書きの定着を図ることができた。

使用するツール	子供の困難さ
「【漢検】漢字検定 WEB 問題集」	・書くこと ・学習（計算、推論、学習の補助等）すること
対　象	
特別支援学校・高校生・知的障害	
4 つの特徴	**教　科**
④「自動化」	「国語」

実践の概要

■どんな困難を抱えている？
　書くこと、学習 (計算、推論、学習の補助等) すること

■指導上の工夫の意図は？
　Web コンテンツを使用し、学習意欲を高め、漢字の読み書きの定着を図る

■どのように？
　「【漢検】漢字検定 WEB 問題集」というWeb コンテンツを使用し、漢字検定に向けた学習に取り組んだ。生徒が持っているタブレット端末で、この Web ページを開き、漢字の学習をした。間違えた漢字は、自分専用の単語帳に書くことで苦手な漢字を繰り返し振り返られるようにした。

■どう変わった？
　日ごろから使い慣れ親しんでいるタブレット端末を使ったことから、プリントのみで学習していた時よりも、意欲的に取り組むことができた。また、答えを自分で確認することができるため、間違えることに対して過剰に嫌がる生徒でも落ち着いて取り

組むことができた。

このように取り組みました！

使用したツール「【漢検】漢字検定 WEB 問題集」

　本 Web コンテンツは、漢字検定を取得するために、受検級ごとに漢字の読み書きや画数、送り仮名などの漢字の学習ができる。「正解表示→」のボタンを押すと答えが表示されるので、1 問ずつ答えを確認できることが特徴である。https://kanken.jitenon.jp/ よりブラウザから誰でもアクセスできる。

赤字の読みを答えてください。

問1	仕事が案外早く終わった。
正解表示→	あんがい

問2	かれとは以前からの知り合いである。
正解表示→	いぜん

問3	アサガオの芽が出た。
正解表示→	め

問4	畑に種をまく。
正解表示→	たね

問5	街灯の電球が切れている。
正解表示→	がいとう

問6	あまりにも悲しくて号泣した。
正解表示→	ごうきゅう

実践の枠組み

　この単元では、生活する上で必要な漢字を習得することを目的に漢字検定の取得を目指すことを題材にした。

●授業の目標

・「特別支援学校学習指導要領　高等部　国語　知識及び技能　ア　言葉の特徴や使い方に関する事項　漢字と仮名を用いた表記や送り仮名の付け方を理解して文や文章の中で使うとともに、句読点の使い方を意識して打つこと。」

●対象の学級：高等部３年生の７人学級でこの学習を行った。

子どもの困難さの具体

　対象の学習集団のほとんどは小学校２年生程度の漢字までしか習得することができておらず、日常生活を送る上で困難さを感じている生徒が多い。また、漢字の学習に対して苦手意識がある生徒や間違えることを過度に嫌がり、１問でも間違えてしまうと、学習意欲が低下してしまう生徒がいる。

指導上の工夫の意図

　対象の学習集団の多くの生徒がタブレット端末を使用することが好きで、休み時間や家庭でタブレット端末を使用して動画や好きな画像を見て過ごすことが多い。そこで、漢字の学習に対して苦手意識がある生徒の学習意欲を高めるために、生徒たちが日ごろから好んで使用しているタブレット端末を活用して漢字の学習を行った。また、本コンテンツは問題の答えを１問ずつ自己採点という形で確認することができるので、間違えることに対して過度に嫌がる生徒でも、落ち着いて取り組むことができるのではないかと考えた。

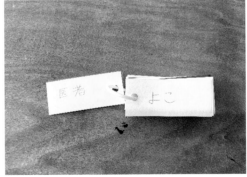

手立て

各端末のブラウザで「【漢検】漢字検定 WEB 問題集」(URL:https://kanken.jitenon.jp) を開く。Web ページ上部に表示されている級から生徒が受験する級を選択し、漢字の読みや書き取り、画数などの問題を学習する。問題を解答するときに、書き込むプリントを用意し、間違えた漢字は、単語帳に書き出すことで、自分専用の単語帳を作成した。

子どもの変容

昨年度はプリントを中心とした漢字の学習をしていたが、その時は、漢字に対して苦手意識がある生徒は学習に対して消極的な姿勢が見られた。その反省を踏まえて、今年度から生徒が日ごろから好んで使用しているタブレット端末と漢字の学習を合わせてみることにした。授業担当の教師が急遽休むことになり、自習することになったときに、生徒自ら「タブレットを使って漢字検定の学習をしたいです」と言ってくることもあり、漢字の学習に対して前向きに取り組む様子が見られた。また、プリントで学習していたときは、教師が丸付けをしていたが、間違えることに対して過度に気にする生徒は、１問でも×が付くと学習意欲が低下してしまうことが多かった。今回使用した Web コンテンツは、１問ずつ答えを自己採点しながら確認することができるので、生徒が自分で答えを確認できるようになり、間違えたときも落ち着いて学習に取り組むことができるようになった。また、間違えた漢字を単語帳に記入することで、苦手な漢字を繰り返し学習できるようになり、漢字の読み書きの定着を図ることができた。

盆踊りの「櫓」を音声検索で見つけ出そう

Google Chrome の音声検索を用いた、総合的な学習の時間の学び

札幌市立大谷地小学校　教諭　大橋 剛

　総合的な学習の時間でおまつりを行うにあたり、対象児童が「太鼓」の演奏に興味をもったため盆踊りの太鼓の係となった。児童は太鼓の演奏について調べ、太鼓の画像や実際に叩く動画を見せて、演奏方法を工夫させるようにし、学習に取り組ませた。実践では、盆踊りの「櫓」を教師に伝えたかったが言葉自体が分からなかった。そこで、自分から音声検索を用いて、「おまつり」「たいこ」「高いところ」「演奏」など、関連するキーワードから、「櫓」を見つけ出すことができた。他の児童とも協力しながら櫓の準備をして、おまつりに「櫓」を立てることができた。

使用するツール	子供の困難さ
「Google Chrome」 「Chromebook の音声入力・ 手書き入力機能」	・書くこと ・気持ちを表現すること ・落ち着くこと ・集中すること

対　象	
公立小学校・特別支援学級・ 小学生・知的障害	

4つの特徴	教　科
「その他」	「総合的な学習の時間」

実践の概要

■どんな困難を抱えている？

　日常会話はでき、文字も認識できるが指先の機能が未発達で、キーボードによる端末への文字入力は困難である。意欲はあるが、自制心が伴わなく、特に、自分で知りたいことがある時、「調べたい」という気持ちを抑えることが難しい児童。

■指導上の工夫の意図は？

　自分の力で調べたいことを検索し、学びにつなげる。

■どのように？

　特別支援学級では総合的な学習の時

間に、「おまつり」をすることになり、当該児童は「盆踊り」を担当することになった。盆踊りには「櫓（やぐら）」が付き物と考えた当該児童だが、自分の作りたいものが「やぐら」というものだということが分からずにいた。そこで、音声検索を用いて、関連するキーワードを入力し、画面に表示される画像の中から、ついに櫓を見付けた。そして準備し、おまつりに櫓を立てることができた。

■どう変わった？

　おまつりで、「櫓」について自分の力で調べるスキルを身に付け、日常的にも、気になる事象について自分で調べることができるようになった。以前は、「調べたい」という気持ちがなかなか抑えられず、いらいらしてしまうことが多くあったが、このスキルを獲得することにより、調べたいことを自力で調べ、納得すると、すぐに落ち着きを取り戻し、自分の本来の学習に戻ることができるようになった。

このように取り組みました！

使用したツール「Google Chrome」(Chromebook)

　本ツールは、インターネットを閲覧するブラウザだが、キーボード入力による検索だけではなく、音声による入力や手書き文字による入力にも対応。

■ 類似のツール「Apple 社製コンピュータ（iOS , Mac OS）」「Microsoft Windows」

　iPad など Apple iOS 製品では、インストールされたインターネットブラウザで、検索サイトの検索入力欄にカーソルを合わせると、画面キーボードの隅に現れるマイクのボタンを押すことにより、音声入力検索ができる。iOS 以外の Mac OS でもインストールされたインターネットブラウザで、音声入力による検索が可能である。Microsoft Windows も、実装された音声入力機能や手書き入力機能により、キーボード以外の方法で検索することができる。

基本的には Google Chrome 以外のインターネットブラウザでも、Google Chrome と同様の使い方になるが、画面上の任意の箇所を簡単に切り取ってコピーや保存する機能があるなど、「Microsoft Edge」を使用できる場合は用途に応じた使い分けも考えられる。

実践の枠組み

　この単元は、特別支援学級の「おまつり」を開く学習で、グループに分かれて出し物を準備して、実際におまつりを行う学習で、総合的な学習の時間

として総計 26 時間で行った。出し物については、自分たちで図書館や一人一台端末を使って主体的に調べ、協働しながら準備をする。

●授業の目標

・「小学校学習指導要領　総合的な学習　情報 情報化の進展とそれに伴う日常生活

127

や消費行動の変化。多様な情報手段の機能と特徴・情報環境の変化と自分たちの生活とのかかわり。目的に応じた主体的な情報の選択と発信」など。

・「小学校学習指導要領　国語　B　書くこと（1）書くことの能力を育てるため，次の事項について指導する。　ア　関心のあることなどから書くことを決め，相手や目的に応じて，書く上で必要な事柄を調べること。

●単元計画（計26時間）

オリエンテーション・計画	6時間
おまつりの出し物について、本やインターネットなどで調べる・制作	18時間
おまつりでお店を開き、楽しく交流する	1時間
振り返り	1時間

●対象の学級：小学校1年生から6年生までの計24名で、対象となる児童は、6人の3年生のうちの1人である。

子どもの困難さの具体

　対象の児童は、衝動をコントロールすることが困難であり、特に、自分が調べたいことは、すぐに調べたい、という気持ちを抑えられない。教師に尋ねる場合もあるが、基本的には「自分の力だけで調べたい」という強い思いがある。タブレットの活用については2021年の2月から取り組み（本事例の実施時期は4月）、ポータルサイトのリンクをたどることや写真撮影などはできる段階である。指先の機能が未発達で、キーボードによる文字入力はまだできない。

指導上の工夫の意図

　当該児童は、好奇心が旺盛で、物語やTV番組、ゲーム、YouTubeなど、様々なジャンルに深い関心がある。今回の学習では、おまつりの「太鼓」の演奏に興味をもったため、この授業では「太鼓」の係にした。おまつりの太鼓の演奏について自分で調べたり、

演奏の方法について、太鼓を叩く場所により出る音の違いを、太鼓の画像や実際に叩く動画を見せて、演奏方法を工夫させるようにし、常に興味がもてるように学習に取り組ませた。

　当該児童は、盆踊りの「櫓」という言葉が分からず、最初は教師にもうまく言葉

で伝えられずにいたが、どうしても伝えたいと思った。そこで、音声検索を用いて、「おまつり」「たいこ」「高いところ」「演奏」など、関連するキーワードから画面に表示される画像から、ついに「櫓」を見つけ出した。他の児童とも協力しながら櫓の準備をして、おまつりに「櫓」を立てることができた。

手立て

　はじめに Chromebook にログインする。Google Chrome ブラウザを開き、検索欄にある、マイクのマークの「音声入力アイコン」を選択する。Chromebook のマイクに向かって、はっきり発音することにより、音声が認識され検索欄に文字が入力される。
　検索の結果は、文字だけでなく、画像でも表示されるため、今回は画像から「櫓」を見つけ出すことができた。

子どもの変容

　今回の学習では「おまつり」という非日常的な事柄であり、また当該児童が好きな「太鼓の演奏」という事柄を調べたり演奏したりする活動であったため、意欲的に参加し、学習を楽しみながら進めることができた。今回の学習は、学級全体が力を合わせておまつりを開くという共通の目的があった。そのため、検索して自分で調べた

「櫓」について知り得た事柄を、教師や友達に言葉や画像等で具体的に伝えることができた。これは、国語の「聞くこと・話すこと」の「相手に伝える」の学習への意欲にもつながった。
　また、音声入力による検索では、はっきりと発音しなければ正確な結果が得られないことを自分で経験し、日常的にも、はっきりと発音して言葉を話す意識をもつようになった。以上のことなどから、言語活動の面でも効果的であったと考えている。
　本学級には、キーボードによる文字入力が困難な児童が他にも複数おり、音声入力による検索の方法が広がり、各自のスキルが高まったことにより、日常的に音声検索を行うことができる児童が増え、学びの意欲につながっている。

「読むこと」「書くこと」に 抵抗がなくなった事例

イマーシブリーダーを使用したOneNote の取組

北海道津別町立津別中学校　教諭　門馬 祐策

対象の生徒は、「読むこと」「書くこと」に課題があり、日常生活にも支障をきたしていることから、イマーシブリーダーの音声による文章の読み上げ機能やディクテーションによる書き起こし機能が有効だと考え、今回の指導にあたった。生徒は、積極的にイマーシブリーダーの活用を始め、自力で文章を作成する力、読む力をつけようとする気持ちの向上があった。それまで 1 時間かけて 100 字程度しか書くことができなかった力を、本ツールを利用することで、2 時間で 900 文字以上書くことができ、飛躍的な結果の向上が見られた。

使用するツール	子供の困難さ
「イマーシブリーダー」「ディクテーション」	・書くこと
対　象	・読むこと
中学校、中学 2 年生、特別支援知的学級	・学習すること（推論・計算・順序立てて話すこと） ・整理すること
4つの特徴	**教　科**
「その他」	「自立活動」・「理科」・「国語」

実践の概要

■どんな困難を抱えている？

「読むこと」「書くこと」に対し苦手を感じており、普段はひらがなやカタカナを中心に理解している。

■指導上の工夫の意図は？

普段から自力で文章を読んだり書いたりすることができる手段を身に付ける。

■どのように？

Minecraft Education Edition を使用するにあたって、教員の指示を確認するための方法として、イマーシブリーダーの使用方法を教えた。これをきっかけに Microsoft Word や OneNote、Edge などに搭載されている同様の機能を使い、イマーシブリーダーを中心とした各教科にまたがった横断的な活用を始めた。

■どう変わった？

イマーシブリーダーの活用前は、周りの人に読み方や書き方を確認するか、読み仮名を振るか、あるいは答えを教えてもらう他に自力で解決する方法はなかった。しかし、この方法を伝えてから、積極的にイマーシブリーダーの活用を始め、自力で読む力、文章を作成する力をつけようとする気持ちの向上があった。原稿用紙では、1 時間かけて 100 字程度しか書くことができなかった力を、ツール活用後は 2 時間で 900 文字以上書くことができ、飛躍的な結果の向上が見られた。

📶 このように取り組みました！

使用したツール「イマーシブリーダー」「ディクテーション」

Microsoft Word や OneNote、Edge、Minecraft Education Edition などに搭載されている文字を音声で読み上げたり、Web サイトを見やすくしたりする機能で、今回は word と OneNote を中心に音声読み上げ機能及び書き起こし機能を使用した。

■ 類似のツール

Apple の「Pages」、「Google Docs」などは Microsoft office「Word」の類似ソフトとしてあるが、イマーシブリーダーは Word にのみ搭載されているため、使用する際には注意が必要である。iPad には音声文字起こしツールが搭載されているが、音声読み上げ機能はない。

実践の枠組み

対象生徒は、Minecraft のワールド内にある看板を掲示板のように用いながら、チームにタスクを振って指示を出していた。本人は文字が読めないため、看板を見るたびに質問をしていたが、イマーシブリーダーの機能が Minecraft に搭載されていることに気づき、その機能を使用することで教員に質問をしなくても対応ができるようになり、本人の成功体験につながった。この取組が本人にとって、課題としていた「読むこと」に対しての新しい解決方法となったため、その後の教育活動に広く用いるようになった。

●授業の目標

・イマーシブリーダーを利用して、自分の力で、感じたことを表現することができる。

特別支援学校学習指導要領解説の自立活動編、「第6章自立活動の内容 6コミュニケーション」には以下のようにある。

> LD のある幼児児童生徒は，文字や文章を読んで理解することに極端な困難を示す場合がある。このような場合，聞いて理解する力を伸ばしつつ，読んで理解する力の形成も図る必要がある。その際，コンピュータのディスプレイに表示された文章が音声で読み上げられると同時に，読み上げられた箇所の文字の色が変わっていくようなソフトウェアを使って，読むことを繰り返し指導することが考えられる。

●単元計画（計6時間）

本活動は各教科において横断的にイマーシブリーダーを活用した支援のため、今回の例では2教科にわたって行われた。

国語：夏休みの作文	3 時間
理科：アリジゴクの観察記録	3 時間

●**対象の学級：**中学校 2 年生　特別支援知的学級

子どもの困難さの具体

　「読むこと」「書くこと」に対し苦手意識があり、漢字を読み飛ばして、ひらがなやカタカナのみを読むことで文脈を理解しようとしている。文字情報の理解が難しいため、会話によるコミュニケーションやイラストや動画などの情報を中心に理解を図っている。特に「書くこと」に対しては苦手意識が強く、小学校 2 年生程度の漢字の理解にとどまっている。ディスレクシアの疑いがあり、文字の形や画数、大きさやバランスなどを認識することが難しい。漢字を書こうとすると、漢字の形を思い出すことに気を取られ、書きたかった文章を忘れてしまう。また、ADHDの疑いが持たれ、物の整理が苦手であり、順序立てて話をすることや、関連づけて話をすることをせず、自分の話したいことや思いつきで話を組み立てていくことが多いため、聞き手を混乱させることがある。

指導上の工夫の意図

　対象の生徒は、「読むこと」「書くこと」に課題があり、日常生活にも支障をきたしていることからイマーシブリーダーとディクテーションを活用し、特に文章の読み上げ機能と音声による文章の書き起こし機能を使用し、普段から自力で文章を読んだり書いたりすることができる手段を身に付けるために、今回の指導にあたった。

そしてあっきさんは空気中にばらまいた
ものを取れなかったと思いきやまさかの
ペットボトルの中にそのサインした
トランプが入ってましたほんとにどういう
マジックなんだろうと思いました

**イマーシブリーダーで読み上げてもらい、
内容の確認を行っている画面**

手立て

　夏休みの振り返り作文については、手書きで取り組ませ、1 時間でどの程度書くことができるのか確かめさせた。次の授業から、同様の内容でディクテーションを使って OneNote で書かせ、前回の授業と同様に 1 時間でどれだけの文字量で作文が書けるようになったのかを確認させた。ツールを使用したことによる効果をはっきりと示すことで、本人に苦手の克服方法を気づかせることが大きな狙いである。実際にツールの使用前と後とでは、作文に対する本人の認識も大きく変わり、「苦

手で仕方がないもの」から「ディクテーションを使えばなんとかなるもの」へと変貌を遂げた。最初の1時間に手書きで書いた文章は50文字程度。作文用紙では100字程度であったが、ディクテーションを使うと、2時間で900文字以上書くことができた。効果としては、約9倍作文できたことになる。

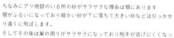

またある日、校庭にアリジゴク（ウスバカゲロウの幼虫）の巣がたくさんあることに気づいた本人が、教室で飼いたいと言い出した。教育の機会として、観察記録をつけようということになり、OneNoteを利用して記録をつけ始めた。ディクテーションで書き起こし、イマーシブリーダーで内容を読みあげ観察記録を書かせることで、本人の自主自立性の成長を狙った。また、本人はADHDの特性も併せて有しており、整理整頓に課題があるため、プリントを紛失することが考えられ、ねらいとは別のところで取組が阻害される恐れがある。OneNoteはその心配がないため、採用した。

狙い通り、自主的にアリジゴクの観察に取り組み始め、細部にわたってアリジゴクの体の特徴や食べる餌に至るまでディクテーションを使ってまとめた。また、本人自らイラストを描いて補足説明するなど、工夫も見られた（図右下参照）。アリジゴクの顎の使い方や体のフォルムに至るまで詳細を観察してまとめることができている。ディクテーションとイマーシブリーダーを使うことで、「読むこと」「書くこと」に労力が割かれることなく、生徒自身がもつ"観察して考察する力"を発揮することができた。

子どもの変容

イマーシブリーダーの使用前と使用後では、本人の「書くこと」に対しての取り組む姿勢が大きく変容した。以前は、アレルギーのように書くこと自体を嫌がり、「どうせ無理」「やっても無駄」などと言い、取り組むことにより自己肯定感が下がっていく一方であった。しかしながら、Minecraftでイマーシブリーダーに出会い、使い始めてからは、作文のときには、自動的にイマーシブリーダーを使い、取り組み始めるまでになった。

心理的・身体的に負担の少ない形での学習

OneNote を活用した調べ学習

埼玉県立日高特別支援学校　教諭　菱 拓夢

　本実践では対象児童の住む地域の「七夕祭り」を題材とし、調べた資料をまとめ発表させた。対象児童は日頃から家庭でも自分専用の iPad を使って余暇を楽しんでいた。実践の前には音声入力について学習し、さらにイマーシブリーダーでウェブサイトの情報を音声で聞いて理解できるように練習をした。音声入力やイマーシブリーダーを活用し、他教科や余暇の中でも ICT を活用する姿が見られるようになり、長文に挑戦しようとするなど、自分なりの表現方法としてタブレットを使いこなすことができた。

使用するツール	子供の困難さ
「Microsoft OneNote（iPad）」	・読むこと、読み取ること ・肢体不自由 ・気持ちのコントロール

対　象
特別支援学校・小学部・６年生・肢体不自由

４つの特徴	教　科
「その他」	「社会科」

実践の概要

■どんな困難を抱えている？

　右半身麻痺により左手で書字を行う必要がある。また、右手は紙の肘より先を全て使って紙を押さえることが多い。腎移植による長期入院により生活経験が不足している箇所がある。文章を読んだり、書いたりすることに困難さがあり、読字・書字ともに強い抵抗感がある。友達から手紙をもらうこともあり、返事を書きたいという気持ちはある。

■指導上の工夫の意図は？

　心理的、身体的に負担の少ない形で学習に取り組むことができるようにする。

■どのように？

　社会科の学習の中で自分の住む地域の歴史や伝統について調べ、デジタルノー

トアプリ上に資料をまとめ、発表した。
■どう変わった？
　音声入力やイマーシブリーダーを活用したことで、自分の得意な方法で学習に取り組むことができた。また、学習したことを家庭での余暇に生かし、友達や教員に対して手紙を書くことができた。

📶 このように取り組みました！

使用したツール「Microsoft OneNote」

　本ツールは、主にデジタルノートとしてテキストや画像ファイルなどを挿入、編集ができるツールである。また、音声入力や手書き機能にも対応しているため児童生徒の得意な入力方法を選択することができる。さらに、イマーシブリーダーを活用することで単純に読み上げるだけでなく、読み上げ速度や行間、フォントのサイズを変更することが可能。

■ 類似のツール「Apple メモ」
Apple の標準アプリである「メモ」は、iPad に標準搭載されているアプリケーションである。このアプリと併せて、iPad のアクセシビリティ機能から「読み上げ機能」をオンにすることで、選択範囲をハイライトしつつ、読み上げることができるツールである。

実践の枠組み

　この単元では身近な地域に残る建物や祭りを通して、人々が受け継いできた年中行事に、地域発展や五穀豊穣など、そこに住む人々の願いが込められていることを学ぶ題材である。

●授業の目標
・小学校 学習指導要領 第3学年及び第4学年 内容(5)「地域の人々の生活について、次の事を見学、調査したり年表にまとめたりして調べ、人々の生活の変化や人々の願い、地域の人々の生活の向上に尽くした先人の働きや苦心を考えるようにする。」 イ「地域の人々が受け継いできた文化財や年中行事」

●単元計画（計10時間）

地域の祭りや古い建物に関心をもち、学習目標をたてる	1時間
ウェブサイトや資料を読んで、気になる箇所をまとめる	8時間
自分が残したい年中行事や建物をについて考える	1時間

●対象の学級：下学年の内容を学習する小学部第6学年の児童1名が行った。

　この取組において、対象とする児童の会話は内容発音ともに明瞭であり、相手に合わせて話し方を変えることもできる。また、自分の住む地域の出来事にも関心をもっているため、経験の積み重ねをしている最中である。しかし、読みの場面では逐次読みや勝手読みがみられ、書字では、アンバランスさや誤字・脱字が目立つ。このため、長い文を書いたり読んだりすることには、抵抗感が強く、活動中に気持ちが不安定になることも多い。また、間違えた文字を消す際には、右手の麻痺により消しゴムを上手に使うことが難しいため、紙と鉛筆での学習になると学習意欲が低下する様子もみられた。

指導上の工夫の意図

　対象児童は Minecraft や YouTube が好きで、家庭でも自分専用の iPad を使って余暇を楽しんでいる。また、地域の祭りや駅の周辺の様子にも興味をもっていた。そこで、学習意欲を高めるために、対象児童の住む地域、さらに駅周辺の「七夕祭り」を題材にした。

　学習の前段階として、音声入力の方法を学習することから始めた。キーボードのマイクボタンをタップすることで、音声入力が始まることや「えーと」や「あー」など思わず口にした言葉も入力されてしまうことも伝えた。

　次に、イマーシブリーダーを使ってウェブサイトの情報を音声で聞いて理解することができるように練習をした。同時に、字間や行間が詰まった状態の文字の並びを見ることが児童の負担につながるため、行間を広くし、長い文章を見なくても良いように環境の整え方も学習した。

手立て

　まず、授業の前に、OneNote を起動し、「ノートブック」、「セクション」の設定を行なった。「ノートブック」には、クラス名を入力し、「セクション」には教科名を入力し、児童が開く場所を迷わないように設定する。
続いて、入力方法を練習した。iPad のスクリーンキーボードのマイクボタンを押すと音声認識が始まる。

　改行や句読点についても「かいぎょう」「てん」「まる」と声に出すことで表記できることを伝え、一人で文を構成することができるように練習した。

　イマーシブリーダーは「表示」タブから選択する。再生ボタンで音声を自動で読み上げることができる。設定から読み上げ速度、性別を変更することができる。ま

た、「文字校正オプション」機能からは名詞や動詞などを自動的に色分けすることができる。

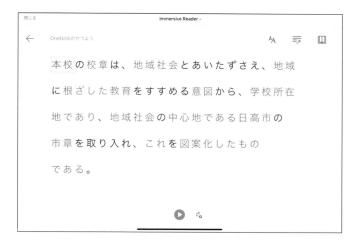

子どもの変容

今回の学習では、居住地に残る古い建物や年中行事についてインターネットを使って情報収集を行った。iPad を使う中で、市役所や博物館のウェブサイトだけでなく、YouTube にも祭りの様子があることに気付き、動画からも情報を集めるなど積極的に学習に取り組む姿が見られた。また、音声入力やイマーシブリーダーを活用する中で、他教科や余暇の中でも ICT を活用する姿が見られるようになってきた。小学部卒業直前には、「ぼくも作文を書いてみようかな、タブレットでならできそう」と長文に挑戦しようとするなど、自分なりの表現方法としてタブレットを使いこなすことができた。

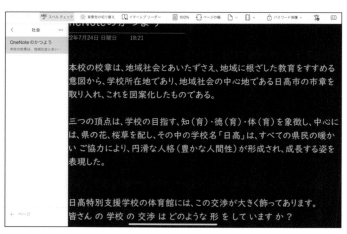

コラム：「OCTくんと学ぼう」の活用例

　「OCT くんと学ぼう」は、iPad、Chromebook、Windows デバイス等の様々な環境で利用ができる、インターネット教材配信サイトです。算数・数学教材や、消費者教育教材、情報モラル教材、学習プリント教材等のOCT くん教材、ICT の研修等で活用可能な OCT くん動画等で構成されています。

　かけ算の学習を一例に、OCT くんと学ぼうの一部を紹介します。

> 「OCT くんと学ぼう」　https://oct-kun.net/

●かけ算モード「OCTataki」

　出題された、かけ算を素早く解き、正しい答えの OCT くんをたたいていく、もぐらたたき風の計算ゲームです。OCT くんのスピードは実態に合わせて2段階に調整可能です。

たたいておぼえる計算ゲーム「OCTataki」
https://oct-kun.net/content/octataki/

▶効果的な使用方法

　日本での算数教育におけるかけ算は、3×5＝15を、「さんごじゅうご」のように音で覚えます。OCTataki においても、通常の学び方と同様に、出題された式と答えを声に出しながら正しい答えの OCT くんを探すことを推奨しています。

　このことは、「OCT くん動画」の「失敗例から得られる教材のポイント④〜 ICT は楽しいし便利〜」において説明しています。

　https://oct-kun.net/wp/oct-movie/shippai_point/

● **かけ算計算プリント**

https://oct-kun.net/content/print/keisan/kake/

　かけ算計算プリントページの OCT くんの問題更新ボタンを押すたびに、ランダムで 12 問のかけ算問題が出題されます。プリンタでそのまま A4 用紙に印刷することもできます。

● **かけ算関連教材**

　「かけ算のしくみ」は、かけ算に対応して増えていく OCT くんを数えることで、かけ算のしくみを知るための教材です。

https://oct-kun.net/content/online-content/99.html

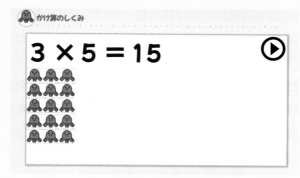

　「かけ算・九九の答え合わせ」は、声を出してかけ算の練習をすることや、かけ算計算プリントの答え合わせができる教材です。かけ算の答えを順番に探させることで、前後のかけ算の学習につながるようにしています。

https://oct-kun.net/content/online-content/kakezanans.html

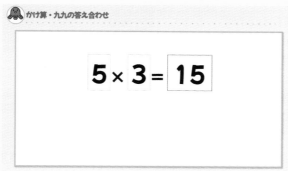

第1章

第2章

第3章

第4章

第4章❶
分担・共同作業

第4章❷
支援・添削

第4章❸
どこでも・課題学習

第4章❹
自動化

第4章
その他

第5章

▶**活用例**

計算式と答えを声に出しながら九九ゲームに取り組む

■**どんな困難を抱えている？**

かけ算を解くことができる。しかし、かけ算に苦手意識を持っていたり、九九を暗記しきれていなかったりするため、計算するのに時間がかかる生徒。

■**指導上の工夫の意図は？**

九九を覚え、すらすら解けるようにする。得点を記録することで自分の計算力の向上を生徒自身で確認できるようにする。

■**どのように？**

生徒たちに、計算式と答えを声に出しながらゲーム式の教材（OCTataki）に取り組むことを伝えた。毎回の得点をパソコンなどを用いて表とグラフにして発表するようにした。自分の目で得点の変化やその日のチャンピオンを確認することや、前回の記録と比べて成績がどのように変化したか考えられるようにした。

■**どう変わった？**

生徒たちはゲーム式の教材に取り組む毎に得点が向上し、声を出し解答を探すことで正確に選ぶことができるようになってきた。このことで素早く解答を選択することにもつながった。計算への苦手意識も少なくなり、かけ算や割り算への学習意欲が高まり、積極的に学習へ取り組めるようになった。文章題を読んでかけ算かわり算か判断できるようになる様子も見られた。

「OCT くんと学ぼう」でかけ算の学習に取り組む様子

▶**教材リンク**

OCT くん教材
　　https://oct-kun.net/wp/material/
OCT くん動画
　　https://oct-kun.net/wp/oct-movie/
OCT くん学習プリント
　　https://oct-kun.net/wp/print/

コラム：新谷洋介
活用例：木村健大（埼玉県立騎西特別支援学校教諭）

140

第 5 章

オフィス系アプリ
3社比較！
共通してできる
ことって？

オフィスアプリ7種類を徹底比較！共通すること・独自の機能って？

埼玉県立越谷西特別支援学校　教諭　佐藤 裕理

1 オフィス系アプリとは

　プレゼンアプリには色々あるが、代表的なものは Microsoft の PowerPoint（パワーポイント）であろう。GIGA スクール構想で配備された機種の OS は大きく3つで、Microsoft の Windows、Google の Chrome OS、Apple の iOS である。Windows には PowerPoint を含むオフィスアプリがあることはよく知られているが、Google、Apple にもオフィス系のアプリがあり、機能に一部互換性があるので、データを相互に変換して使うことができる。本章では3社が提供するオフィス系アプリの機能を比較し、同系統のアプリや互換性について紹介していく。（本章で紹介しているアプリ等の商品情報は執筆時点のものである。令和5年8月1日時点）

2 3社比較

　各社が提供する代表的なオフィス系アプリは以下のとおりである。

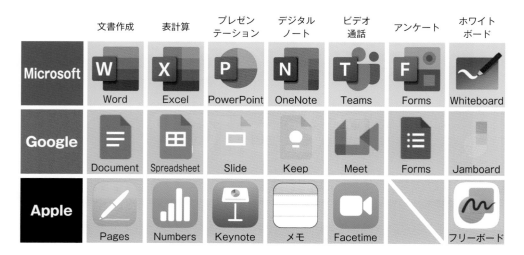

　以上が3社の代表的なアプリである。中にはオフィス系と分類されていないものもあるが、比較検討するアプリとして記載している。次項で機能別にオフィスアプリを比較する。

3 各アプリの比較

【文書作成アプリ】

共通して できること	◆文章構成を作成・校正することができる。 ◆イラストや写真などの画像を挿入することができる。 ◆表やグラフを作成できる。 ◆文字のフォントやサイズ、色を変えることができる。 ◆文字列の検索と置換ができる。 ◆テンプレートから作成することができる。 ◆PDFを作成することができる。 ◆ワード形式（.docx）で保存ができる。
Microsoft W **Word**	●Office Online 版は無料で利用できる。タブレット版は閲覧のみ無料で利用できる。 ●Excel のデータを引用して差し込み印刷機能が使用できる。 ●共同編集機能により、複数人で同時に編集できる。 （要 Microsoft 365 契約）
Google **Document**	●無料で利用できる。 ●「概要」機能で文書内に「タイトル」「見出し」などのスタイルを設定し、任意の見出しへクリックで移動できる。 ●Word 形式のデータの読み込み・書き出しができる。 ●共同編集機能により、複数人で同時にリアルタイムで同時に編集できる。
Apple **Pages**	●無料で利用できる。 ●Word 形式のデータの読み込み・書き出しができる。 ●YouTube などの Web ビデオや複数の画像をまとめたイメージギャラリーを挿入できる。 ●「ブック」アプリに対応した .EPUB 形式に出力できる。 ●メモアプリで作成したメモを Pages に変換できる。 ●iOS16 以降で AppleID があれば共同編集機能により、複数人で同時に編集できる。（ブラウザ版 iCloud 上でも可）

　文書を作成し、文字を装飾してまとめる、という基本的な機能は各社同じであるため互換性が高い。

　Microsoft は印刷を前提にした差し込み印刷機能があり、端末上で閲覧することを前提とした Google には概要やチェックリストなどの ToDo 機能がある。Apple も同様に端末上で閲覧する際に利用できる Web ビデオやイメージギャラリーの機能が充実している。

【表計算アプリ】

共通して できること	◆表計算機能を使って数値を処理することができる。 ◆作成した表を元にグラフを作成することができる。 ◆関数を使ってデータを処理することができる。 ◆イラストや写真などの画像を挿入することができる。 ◆文字のフォントやサイズ、色を変えることができる。 ◆文字列の検索と置換ができる。 ◆テンプレートから作成することができる。 ◆PDF を作成することができる。 ◆CSV 形式に出力することができる。 ◆エクセル形式（.xlsx）で保存ができる。
Microsoft X **Excel**	●Office Online 版は無料で利用できる。タブレット版は閲覧のみ無料で利用できる。 ●VBA[※]で実行されるマクロを利用できる。 ●専門的な関数が豊富にある。 ●共同編集機能により、複数人で同時に編集できる。（要 Microsoft 365 契約） ※ Microsoft office に含まれるアプリケーションの機能拡張
Google ⊞ **Spreadsheet**	●無料で利用できる。 ●GAS[※]で実行されるマクロを利用できる。 ●データ探索機能で書式やグラフの提案と分析をしてくれる ●共同編集機能により、複数人でリアルタイムで同時に編集できる。 ※ Google のアプリケーションの機能拡張
Apple 📊 **Numbers**	●無料で利用できる。 ●表のデータを行ごとに入力できるフォーム機能が利用できる。 ●iOS16 以降で AppleID があれば共同編集機能により、複数人で同時に編集できる。（ブラウザ版 iCloud 上でも可）

　表計算ソフトは関数等を用いてデータの集計、統計を行う。使える関数に違いが出てくるが、一般的に使用する関数はほとんど共通しているため、互換性が広い。マクロが有効化された場合、実行するためのソフトに違いがあるため、アドオンなどを使って変換する必要が出てくる。

【プレゼンテーションアプリ】

共通してできること	◆文字や図形を配置してプレゼンテーション資料を作成し、プレゼンテーションを実施できる。 ◆文字や図形にフェードイン・アウトなどのアニメーションを設定できる。 ◆画面の切り替わりにアニメーションをかけることができる。 ◆イラストや写真などの画像を挿入することができる。 ◆文字のフォントやサイズ、色を変えることができる。 ◆文字列の検索と置換ができる。 ◆テンプレートから作成することができる。 ◆ PDF を作成することができる。 ◆ JPEG または PNG 形式の画像を作成することができる。 ◆パワーポイント形式（.pptx）で保存ができる。
Microsoft P PowerPoint	● Office Online 版は無料で利用できる。タブレット版は閲覧のみ無料で利用できる。 ●クリエイティブコモンズの画像を利用することができる。 ●動画として出力することができる。 ●開始のタイミングの機能を利用できる。 ●３Dデータを挿入することができる。 ●最も多くのアニメーションを設定することができる。 ●「変形」の切り替え効果を利用できる。 ● Cameo 機能を利用してスライド内にライブカメラを設置できる。 ●共同編集機能により、複数人で同時に編集できる。（要 Microsoft 365 契約）
Google Slide	●クリエイティブコモンズの画像を利用することができる。 ●無料で利用できる。 ●共同編集機能により、複数人でリアルタイムで同時に編集できる。
Apple Keynote	●動画や GIF として出力することができる。 ●無料で利用できる。 ●炎や花火など派手なアニメーションを設定することができる。 ●「マジックムーブ」のトランジションを利用できる。 ●スライド内にライブビデオを設置できる。 ● iOS16 以降で AppleID があれば共同編集機能により、複数人で同時に編集できる。（ブラウザ版 iCloud 上でも可）

　文字や図形を表示し、シンプルなプレゼンテーションを行うのであれば同じような使い勝手で利用できる。派手なアニメーションやアプリ的に利用する場合は、各社それぞれの機能の特色が大いに反映される。

第1章　第2章　第3章　第4章　第4章❶分担・共同作業　第4章❷支援・添削　第4章❸どこでも・家庭学習　第4章❹自動化　第4章その他　第5章

【ノートアプリ】

共通して できること	◆無料で利用できる。 ◆文字や画像を入力してノートを作成することができる。 ◆共有することができる。 ◆チェックリストを利用できる。 ◆ペンやマウスで描画したものを挿入できる。
Microsoft **N** **Onenote**	●ノートブック、セクション、ページでまとめることができる。 ● YouTube 等の Web 動画をプレイヤー付きで挿入できる。 ●書類をスキャンして貼り付けることができる。 ●喋った声を録音して貼り付ける「音声入力機能」がある。
Google **Keep**	●タグごとにメモをまとめることができる。 ●位置情報を元にリマインダーを設定でき、設定した場所に近づくと通 　知を受け取ることができる。
Apple **メモ**	●フォルダでまとめることができる。 ●書類をスキャンして貼り付けることができる。

【ビデオ通話アプリ】

共通して できること	◆URLを発行し、ウェブ上でビデオ通話できる。 ◆画面に映っているものを共有することができる。
Microsoft Teams	●チャットを送ることができる。 ●ブレイクアウトセッションをすることができる。 ●チームやチャネルを作ってメンバーとやりとりができる。 ●チャネルごとにデータをファイルに保存し、共同編集できる。 ●会議の途中でWhiteboardを共有することができる。
Google Meet	●チャットを送ることができる ●ブレイクアウトセッションをすることができる。 ●Google Chromeブラウザの画面を共有することができる。 ●会議の途中でJamboardを共有することができる。
Apple Facetime	●ミュージックアプリなど、一部アプリのコンテンツを共有できる。
Zoom Zoom	●チャットを送ることができる。 ●ブレイクアウトセッションをすることができる。 ●写真や画像を共有し、コメント機能で画面に書き込みができる。 ●会議の途中でzoom whiteboardを共有することができる。

第1章

第2章

第3章

第4章

第4章❶ 分担・共同作業

第4章❷ 支援・添削

第4章❸ どこでも・家庭学習

第4章❹ 自動化

第4章 その他

第5章

【アンケートアプリ】

共通して できること	◆選択、記述式のアンケートを作成することができる。 ◆2～10段階の評価を設定することができる。 ◆クイズまたはテストを作成でき、解答集や点数を設定することで全自動で採点・集約できる。
Microsoft **Forms**	●他の言語を設定し、表示されている言語を翻訳することができる。 ●ランキングを入れ替える設問を設定できる。
Google **Forms**	●他のGoogleのオフィス系アプリへのリンクを挿入できる。 ●概要で文書内にリンクを作ることができる。

【ホワイトボードアプリ】

共通して できること	◆手書き文字を書くことができる。 ◆テキストを入力して挿入できる。 ◆付箋を貼ってメモを表示できる。 ◆図形や画像、矢印を挿入できる。
Microsoft **Whiteboard**	● Onedrive 内の PowerPoint や PDF の任意のページを画像として張り付けられる。 ● YouTube 等の Web のリンクを張り付けられる。
Google **Jamboard**	●複数のフレームを表示でき、オブジェクトをフレーム間で移動できる。 ● Google Drive 内の slide や PDF、画像などのデータを張り付けることができる。 ● PDF または画像として出力できる。
Apple **フリーボード**	● YouTube 等の Web 動画のリンクを張り付けられる。 ● iCloud 内のデータを張り付けることができる。Google Drive や Onedrive と連携することでそれらのデータを張り付けることもできる。 ● PDF として出力できる。

各社アプリの代表的な独自機能について

【文書作成アプリ】

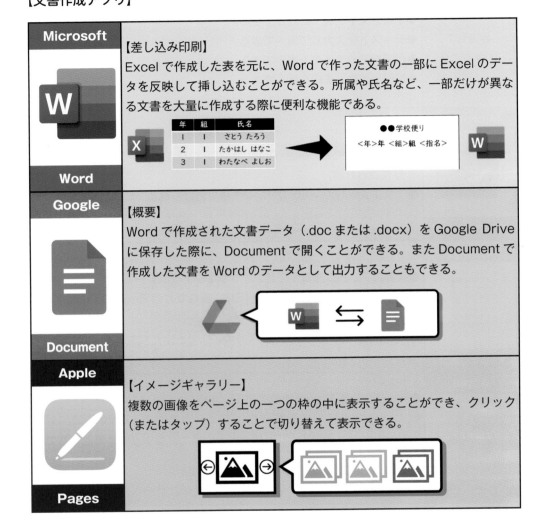

Microsoft W Word	【差し込み印刷】 Excel で作成した表を元に、Word で作った文書の一部に Excel のデータを反映して挿し込むことができる。所属や氏名など、一部だけが異なる文書を大量に作成する際に便利な機能である。
Google Document	【概要】 Word で作成された文書データ（.doc または .docx）を Google Drive に保存した際に、Document で開くことができる。また Document で作成した文書を Word のデータとして出力することもできる。
Apple Pages	【イメージギャラリー】 複数の画像をページ上の一つの枠の中に表示することができ、クリック（またはタップ）することで切り替えて表示できる。

【表計算アプリ】

Microsoft X **Excel**	【より専門的な関数】 Spreadsheet、Numbers に比べて使える関数が最も多い。
Google **Spreadsheet**	【IMPORTRANGE 関数】 別のスプレッドシートから値を参照することが出来る。Forms 等で自動集計した複数のデータから抽出してまとめることができる。
Apple **Numbers**	【一つのシートに複数の表】 Numbers は一つのシート内に表を複数配置することができるため、不要なセルの結合や幅の調整が不要である。表を削除することで、画像の挿入や描画機能を活用してノートアプリとして利用ができる。描画の筆跡をアニメーション化できる。

第1章
第2章
第3章
第4章
第4章① 分担・共同作業
第4章② 支援・添削
第4章③ どこでも・家庭学習
第4章④ 自動化
第4章 その他
第5章

【プレゼンテーションアプリ】

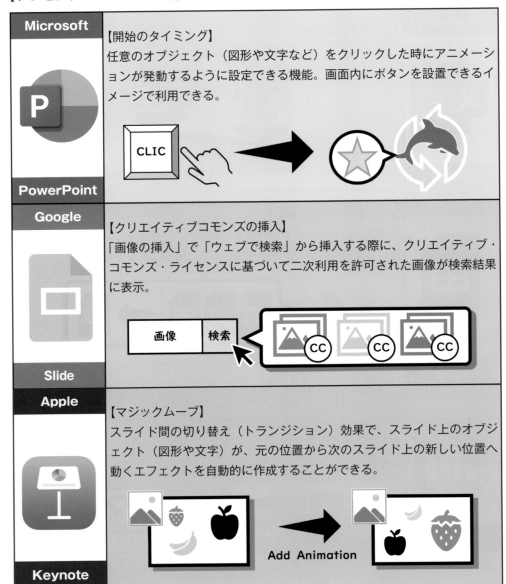

Microsoft **PowerPoint**	【開始のタイミング】 任意のオブジェクト（図形や文字など）をクリックした時にアニメーションが発動するように設定できる機能。画面内にボタンを設置できるイメージで利用できる。
Google **Slide**	【クリエイティブコモンズの挿入】 「画像の挿入」で「ウェブで検索」から挿入する際に、クリエイティブ・コモンズ・ライセンスに基づいて二次利用を許可された画像が検索結果に表示。
Apple **Keynote**	【マジックムーブ】 スライド間の切り替え（トランジション）効果で、スライド上のオブジェクト（図形や文字）が、元の位置から次のスライド上の新しい位置へ動くエフェクトを自動的に作成することができる。

ツール名で見つける GIGA 端末・ICT 活用のアイデア

Apple 社の ツール	Apple (iOS，iPadOS，macOS)	127
	Pages	91, 131
	Keynote	99, 106, 107, 108
	メモ App	135
	アクセスガイド	60, 62, 63
	AirDrop	77, 79
Google 社の ツール	Google Workspace	57, 61, 65, 69, 77, 91, 95, 99, 111, 115
	Google Classroom	80, 81, 82, 83, 85, 88, 98, 99, 100, 101
	Google Meet	84, 87
	Google Drive （ドライブ）	45, 46, 47, 69, 97
	Google Docs （ドキュメント）	90, 91, 93, 131
	Google Sheets （スプレッドシート）	114, 115, 117
	Google Slides （スライド）	68, 69, 70, 71, 98, 99, 100, 101
	Google Forms （フォーム）	51, 54, 76, 77, 78, 79, 110, 111, 112, 113, 114, 115, 116, 117
	Google Chrome	52, 126, 127, 129
	Google Jamboard	56, 57, 59, 60, 62, 63, 64, 65, 66
Microsoft 社 のツール	Microsoft Windows	51, 52, 95, 119, 127, 138
	Microsoft Teams	82, 87, 99
	Microsoft Word	65, 87, 91, 130, 131
	Microsoft Excel	77, 111, 115
	Microsoft PowerPoint	65, 69, 86, 89, 99, 107
	Microsoft OneNote	130, 131, 132, 133, 134, 135, 136

監修・編著者紹介

新谷 洋介 （あらや・ようすけ）

金沢星稜大学人間科学部スポーツ学科教授

特別支援学校（肢体不自由・病弱・聴覚障害）教諭（数学・情報）、国立特別支援教育総合研究所主任研究員等を経て現職。文部科学省「学習上の支援機器等教材活用促進事業」による「支援教材ポータル」構築・運用時の実務担当者。算数・数学・消費者教育・情報モラル等の体験型Web教材「OCTくんと学ぼう」の開発運営者。特別支援教育のICT活用に関する地域の教育任意団体の設立・運営・協力者。特別支援教育のICT活用に関する文部科学省委託事業、都道府県事業等の委員等。他、障がい者スポーツ、eスポーツ、アシスティブ・テクノロジー・スポーツ（ATスポーツ）等に取り組む。

執筆者一覧 （登場順。所属は執筆時）

第1章

新谷 洋介 （前掲）

第2章

佐藤 幸博 （県東部地域特別支援学校（仮称）開設準備室開設準備副室長）

吉本 幸司 （埼玉県立宮代特別支援学校教諭）

第3章

伊藤 文子 （Link Aid 合同会社代表社員）

第4章

新谷 洋介 （前掲）

根井 亮宗 （北海道苫小牧支援学校教諭）

佐橋 亜起英 （北海道手稲養護学校三角山分校教諭）

苅田 龍之介 （埼玉県立蓮田特別支援学校教諭）

稲田 健実 （福島県立平支援学校教諭）

大橋 剛 （札幌市立大谷地小学校教諭）

佐藤 裕理 （埼玉県立越谷西特別支援学校教諭）

菊池 亨 （埼玉県立特別支援学校大宮ろう学園教諭）

小林 義安 （北海道星置養護学校ほしみ高等学園教諭）

大島 啓輔 （埼玉県立熊谷特別支援学校教諭）

菱 拓夢 （埼玉県立日高特別支援学校教諭）

中村 達也 （北海道紋別高等養護学校教諭）

門馬 祐策 （北海道津別町立津別中学校教諭）

コラム

新谷 洋介 （前掲）

木村 健大 （埼玉県立騎西特別支援学校教諭）

第5章

佐藤 裕理 （前掲）

学びや困難さ・合理的配慮に対応した
GIGA 端末・ICT 活用のアイデア

2023 年 9 月 30 日　初版第 1 刷発行

監修・編著　新谷 洋介

発 行 者　加藤 勝博
発 行 所　株式会社 ジアース教育新社
　　　　　〒 101-0054
　　　　　東京都千代田区神田錦町 1-23 宗保第 2 ビル
　　　　　Ｔｅｌ：03-5282-7183
　　　　　Ｆａｘ：03-5282-7892
　　　　　E-mail：info@kyoikushinsha.co.jp
　　　　　URL：https//www.kyoikushinsha.co.jp/

デザイン・DTP　株式会社 彩流工房　　　　　　　　　Printed in Japan
印刷・製本　　シナノ印刷 株式会社
○定価は表紙に表示してあります。
○落丁本・乱丁本はお取替えいたします。
　ISBN978-4-86371-666-7